# 苏轼评传

中国历代书法家评传

何炳武 李巍 著

陕西新华出版

太白文艺出版社·西安

# 图书在版编目（CIP）数据

苏轼评传 / 何炳武，李巍著. -- 西安：太白文艺
出版社，2018.12（2023.6重印）
（中国历代书法家评传 / 何炳武主编）
ISBN 978-7-5513-1437-4

Ⅰ. ①苏⋯ Ⅱ. ①何⋯ ②李⋯ Ⅲ. ①苏轼（1036-
1101）－评传 Ⅳ. ①K825.6

中国版本图书馆CIP数据核字(2018)第244275号

## 苏轼评传
## SU SHI PINGZHUAN

作　　者　何炳武 李 巍
责任编辑　刘 涛 汤阳
封面设计　可 峰
出版发行　太白文艺出版社
经　　销　新华书店
印　　刷　三河市同力彩印有限公司
开　　本　787mm×1092mm　1/16
字　　数　132千字
印　　张　11.25
版　　次　2018年12月第1版
印　　次　2023年6月第3次印刷
书　　号　ISBN 978-7-5513-1437-4
定　　价　36.00元

# 序

陕西省书法家协会名誉主席　雷珍民

陕西古为雍、梁之地，又称三秦大地，纵贯南北，连通东西，位于中国地理版图的中心区域。在整个周秦汉唐时期，关中地区都是古代中国政治、经济、文化的中心。数千年来，悠久的历史、厚重的文化，为陕西书法的不断发展繁盛、经久不衰提供了充足的营养。

在三秦文化肥沃的土壤之上，历代书法名家辈出，传世的精品碑帖不计其数。商周时期的青铜器铭文、先秦时期的石鼓文、西安碑林所藏的秦李斯《峄山碑》、汉熹平石经《周易》残石、《曹全碑》《大唐三藏圣教序碑》《道因法师碑》《颜勤礼碑》《颜家庙碑》《多宝塔感应碑》《玄秘塔碑》等，皆堪称书坛瑰宝。众多作品中仍以隋唐时期为盛。隋代的智永，初唐时期的欧阳询、虞世南、褚遂良、薛稷，中晚唐时期的颜真卿、柳公权都是绝贯古今、声名显赫的书法大家。陕西因此而享有"书法的故乡"之美誉，声闻海内外。

改革开放之后，随着社会经济文化的不断发展，中国传统文化逐渐复兴，书法作为中国传统文化中最有特色的一门艺术也获得了长足的发展。一方面，在传统文化全面复兴的大潮下，书法有了更广泛的群众基础。由于书法在塑造完美人格、培养高尚优雅审美情趣等方面有着不可替代的作用，也越来越受到社会各界的认可。业余书法爱好者的数量迅速增加，书法艺术群众化、民间化的趋势日益明显。另一方面，从事书法研究的专业队伍不断壮大，整个陕西书法界呈现出百花齐放，百家争鸣的良好态势。陕西的书法家们通过作品展览、专题讲座、理论研讨等多种形式积极弘扬传统书法艺术,推动陕西书法事业的不断发展。书法研究者能够潜心钻研书法,发表论文,出版专著,举办展览,开坛讲学,在理论、实践等方面都取得显著成绩的同时,也将陕西书法的声誉和影响拓展到三秦大地之外更为广阔的领域中去。

近年来,专业人员积极投身书法理论研究,将书法的专业研究与群众普及结合起来,扩大陕西书法群众基础,推动陕西书法进入了新阶段。为了更好地传承祖国的书法艺术,陕西省社科院中国书画研究中心何炳武主任主编了《陕西书法史》。这套书出版后引起了较大的社会反响,对深入认识陕西书法、普及书法发挥了重要的作用。

现在,陕西省社会科学院中国书画研究中心又撰写了"中国历代书法家评传"丛书。他们选择中国书法史上最具代表性的书法大家作为研究对象,通过多种渠道搜集相关文献资料,进行深入的个案研究。其研究视角不仅仅关注书法家书法风格形成的历史背景及时代风貌,更注重其书法思想、理论的研究,关注书法家对前代的继承、创新和对后世的影响,将书法家的人生经历、时代背景与其书法创作紧密联系起来。这样的研究方法突破了传统研究中书家与书作相分离的局限,也为书法研究开辟了一条崭新的道路。

"没有高度的文化自信,就没有中华民族的伟大复兴。"十九大以来,随着中华民族伟大复兴进程的加快,更好地传承中国优秀传统文化,深入挖掘中华优秀传统文化的内蕴,是摆在我们面前最重要的任务,也是每一个学人在新时代的责任。我认为,这套丛书的陆续出版,对于推动陕西书法事业的发展和弘扬祖国优秀的传统文化都具有重要的意义。

是为序。

2017 年 10 月 16 日

# 目录

# 第一章 生平

苏轼（1037—1101），字子瞻，号东坡居士，眉州眉山（今属四川）人。郭沫若曾自豪地说，四川是出文豪的地方。汉代的司马相如，唐代的李白，宋代的三苏，还有近代的郭沫若和巴金，都出生在这个天府之国。

其中，苏轼可谓是承前启后的代表人物。

## 一、家学渊源

苏轼的故乡眉山，在乐山以北大约六十公里处。要从乐山到眉山，当年必须坐船沿玻璃江逆流而上才能到达。玻璃江是岷江的一条支流，因为在夏季其江水呈深黄色，而到冬季呈深蓝色，故有此名。眉山位于乐山和成都之间，欲从乐山去成都，眉山是必经之地。由于秦代郡守李冰修建的都江堰，几千年来从无水患，从而

图1 苏轼雕像

使得川西平原沃野千里，物阜民丰。眉山当然也得益于此，正所谓山清水秀，山是蟆颐山，水自然就是玻璃江了。山下水畔的眉山城遍种荷花，每年五六月间荷花盛开，满城香气。行走于眉山城整洁的大街小巷会看到很多的荷花池，在这些荷花池之间，隐藏着一个叫纱縠巷的地方。在巷子深处，有一座中等结构的宅子，正对大门的是中国古代宅院必有的影壁，绕过影壁，便会看到中间的庭院和四周的厢房。在这座房子四周，有一畦整齐的菜地和

一片洁净的池塘，一棵高大的梨树掩映着宅院。宋仁宗景祐三年（1036），苏轼便出生在这座宅院里。关于苏轼的生年，后人有两种记载，一作1036年，一作1037年，这实际上是中国的夏历与公元纪年的西历之间的差异。按照夏历，他出生于宋仁宗景祐三年（1036）的十二月十九日；按照公元纪年，则已经是1037年的1月8日了。

苏轼出身于一个典型的书香之家。中国古代品评人物讲究门第出身，喜欢攀宗认祖，这是自魏晋以来逐渐形成的一个传统。在这种风气的影响下，古人在编修族谱家谱时，往往刻意追求与上古贤人攀附，苏家也未能免俗。苏轼的父亲苏洵在其所撰《苏氏族谱》中就认了古帝颛顼为苏家祖先，因此他说苏氏之先，出于高阳。因颛顼辅佐少昊有功，封地于高阳，故称高阳氏。这一族到了汉代，出了冀州（今河北衡水市冀州区）刺史苏章，苏章的子孙又移居于赵州（今河北赵县）。因此，后来苏洵及苏轼兄弟都自称"赵郡苏氏"。至唐代武则天时期，又有被称为"模棱宰相"、"文章四友"之一的大诗人苏味道出任眉州刺史，而且其子在眉州定居下来，从此眉州便有了苏姓。及至苏轼的祖父苏序这一代，又过去了几百年。苏序少不喜学，性格顽皮，读书只求略知大意，但是为人慷慨大方，急公好义，乐施好善，颇得乡邻拥戴。苏序在乡下郊居时，广有田地且全种稻谷，而且拿米换稻，储藏在自家的谷仓之内，稻谷最多时竟有三四千石之多，时人不解其意。及至后来天逢灾年，苏序广开谷仓，拿出先前自己储藏之稻，先分给族人，之后再给妻子娘家人，所余再给所雇佃户和当地的穷人，从而使他们都安全度过凶岁，这时乡人才知道他当初为什么广存稻谷。川西气候湿润，稻米遇潮则容易霉坏，而稻谷则可储藏数年。苏序喜欢喝酒，常常和乡人高歌狂饮。他的二儿子苏涣考中进士后，朝廷送来喜报，当时苏序正好在城外和朋友喝酒，喝得酩酊大醉，手里还攥着一大块牛肉。在醉意蒙眬中听到喜报，径直从官差手中拿过喜报便向朋友们高声宣读，然后把东西都放在装喜报以及官衣官帽的布袋中，正吃了一半的牛肉也放了进去，让村童背着布袋，自己则骑着驴子一起向城里走去。城中人得知消息后，都出来围观，笑其此种行为。但这种放浪形骸的行为在其孙苏轼看来却是只有高雅不俗之士才会表现出的质朴自然之美。庆历七年（1047）五月十一日，苏序殁于家。多年之后，苏轼还常回忆起他的祖父。苏轼的旷达、乐观、天真，似乎都脱胎于他的祖父。相对而言，苏序比苏轼少了文采，而苏轼则比苏序少了酒量。苏轼的父亲苏洵，字明允，天性沉默寡言，年已壮时，犹不知书。这个天赋异禀、思想独立、个性强烈、性格古怪的人，直到二十七岁才开始发愤读书。他的故事后来被编入《三字经》："苏明允，二十七，始发愤，读书籍。彼既老，犹悔迟，尔小生，宜早思。"意思是说，苏洵发愤读书时，虽然年龄偏大，但因其非常刻苦，终于成就了大学问。后生学子应以此为鉴，尽早刻苦学习。苏洵也因此成为大龄问学的典型事例而激励着后人，苏家的邻居也常以苏洵为例来鼓励自家孩童，说，只要勤勉刻苦，发愤攻读，终会成功的。苏洵后来几次参加科考都未能金榜题名，于是绝意功名，自托于学术，最终成为一位古文名家。事实上，个性刚烈的苏洵幼年时并非没有读书学习的机会，而是因为自身不愿循规蹈矩而没有专心向学。这种情况一直持续到有了长子苏轼之后才大为改观。苏洵对自己虚掷光阴的少不更事异常后悔，况且看到自己的哥哥、内兄和两个姐丈都已金榜题名，即将步入仕途，而自己依然是一介庶民。这样强烈的对比，即使是一个平庸之才，都会因此受到刺激，更何况对于苏洵这样一个天赋、智力如此之高的

图2 苏洵

人，更是无法忍受，这从苏洵的文集中可以窥出一二。后来他在写给自己的妻子程氏的祭文中，就提到妻子曾激励他努力向学。苏洵后来到了京师，一时后生学者皆尊其贤，学其文，以为师法。苏洵对两个儿子的学习成长给予了悉心的指导，并为他们顺利通过科举考试、进入仕途铺平了道路。

苏轼的母亲程氏是大理寺卿程文应的女儿，有知识而且深明大义，常常以古代志士的事迹激励儿子。在苏轼幼年时，母亲就为他讲述《后汉书·范滂传》：

> 建宁二年，遂大诛党人，诏下急捕滂等。督邮吴导至县，抱诏书，闻传舍，伏床而泣。滂闻之，曰："必为我也。"即自诣狱。县令郭揖大惊，出解印绶，引与俱亡，曰："天下大矣，子何为在此？"滂曰："滂死则祸塞，何敢以罪累君，又令老母流离乎！"其母就与之诀。滂白母曰："仲博孝敬，足以供养，滂从龙舒君归黄泉，存亡各得其所。惟大人割不可忍之恩，勿增感戚。"母曰："汝今得与李、杜齐名，死亦何恨！既有令名，复求寿考，可兼得乎？"滂跪受教，再拜而辞。顾谓其子曰："吾欲使汝为恶，则恶不可为；使汝为善，则我不为恶。"行路闻之，莫不流涕。时年三十三。

范滂是东汉名士，少砺清节，后为清诏使，"登车揽辔，慨然有澄清天下之志"，终因党锢之祸而被宦官杀害。事发，汉灵帝大诛党人，他不愿牵累别人，镇静自若地去自首。临行，他让母亲"割不可忍之恩，勿增感戚"，母亲答曰："汝今得与李（膺）、杜（密）齐名，死亦何恨！既有令名，复求寿考，可兼得乎？"意思是一个人既想有好的名声，又想长命百岁，怎么可以两全呢？我愿意你舍弃宝贵的生命而换取自己的人生理想。苏轼听后很受感动，就问母亲，自己是否要做范滂那样的人。程夫人坚定地回答说："你能成为范滂，我为何不能成为范滂的母亲呢？"苏轼听后很受鼓舞，也因此确定了自己的人生目标和远大的抱负。看着儿子，母亲程夫人是喜在心头，她常常情不自禁地对家人说："我的儿子，将来一定不会辜负我的期望的。"可以说，母亲从小对苏轼所进行的积极的教育，影响了他的一生。苏轼六岁时入乡学，拜天庆观道士张易简为师。这个张易简，说来也是一个奇人，数年前不知从何方云游到眉州，觉得此地山清水秀，景色宜人，因此驻足天庆观，再无去意。逐渐地，乡邻发现此人与众不同，喜欢独来独往，不大合群：或一整天都待在屋子里面读书，每逢读到高兴时还大声吟哦；或一整天都徜徉于天庆观后面的山林里，直至夜深人静方返回观中。苏洵则是在一次偶然中结识了张易简，发现他不仅学识渊博，而且思想敏锐，便延请他执教乡学，张易简乃化外之人，生性洒脱，见苏洵诚意相邀，也便慨然允诺了。张易简执教的这个私塾还颇具一些规模，共有学童一百多人。在众多的学童中，苏轼和另一个学童陈太初最受老师赏识。陈太初是眉州城的一个平民子弟，与苏轼脾性相投，课余常在一起玩耍，后来也参加了科考，但屡试不顺，只做得州府小吏。曾经做过汉州（今四川广汉）太守吴师道的幕僚，又因鄙薄吴师道在新年祭祀时祈求衣食财物之俗举，故辞而远游，隐迹于山水间。他不以功名利禄为重，潜心学道，临死时，散尽平生财物与穷苦人，于城门下坐化——当然这是后话了。苏轼在进入私塾后不久，老师张易简的朋友从京师来拜访他，并拿出石介所作的《庆历圣德诗》给张易简看。苏轼在一旁悄悄地听二人的谈话，听着听着就忍不住问老师张易简诗里面写的都是什么人。张易简觉得苏轼是个小孩子，不懂得什么国家大事，就不想告诉他。不料苏轼却认真地说："如果这些人都是天上的神仙，与我没有任何关系，那我是不该知道的；但如果他们也是世间凡人，为什么我不可以知道呢?"听完此话，张易简大为惊讶，没想到苏轼小小年纪却如此能言善辩且关心社稷大事，于是就把"庆历新政"的事情原原本本讲给了苏轼听。原来，在宋仁宗庆历年间，国家内忧外患，危机重重，当朝仁臣范仲淹等人鉴于这样窘困的局面，提出了一

图3　宋仁宗像

图4　范仲淹像

系列富国强兵的政治改革措施，遂称"新政"。这些政策对中兴宋室起到了积极的推动作用。但由于触动了大官僚大地主阶级的切身利益，"新政"颁布不久就遭到了反对派的强烈抵制，进而遭到了废止，发起者范仲淹等人也纷纷被贬谪。担任国子监直讲的文人石介有感于"新政"的流产，遂作《庆历圣德诗》，以歌颂范仲淹等人的历史功绩。讲到最后，张易简颇为感慨地对苏轼说："范仲淹、欧阳修、韩琦、富弼这些人，都是当世的人杰呀!"苏轼听着老师的讲述，虽然由于年纪小而不能完全明白这件事情的政治意义，但这些人杰的大名却深深地在他幼小的心灵里扎下了根。他暗自发誓，自己长大以后，一定也要成为像这些大人物一样的对国家和人民有用的人。通过这件事情，苏轼的聪明才智和雄心壮志就显露了出来。在苏轼进入私塾学习的第二年，弟弟苏辙也到了入学的年龄。苏

辙比苏轼小三岁，对哥哥非常崇拜，苏轼也很喜爱这个弟弟，两兄弟之间从小就情意深厚，无论游览山水抑或切磋学业都是形影不离，即使成年以后各自为官，分隔两地，彼此间的情意也丝毫未减。兄弟二人在忧愤时互相慰藉，在低潮时互相鼓励，在患难时互相扶助，在高处时互相警醒，一路相携，相聚时畅叙离情，分别时写诗寄赠。可以说，兄弟之情是苏轼和苏辙作为诗人毕生歌咏的题材，这从二人的众多诗文中都可以看出。比如苏轼在《送晁美叔发运右司年兄赴阙》一诗中即写道："我年二十无朋俦，当时四海一子由。"子由是苏辙的字。他的另外一首诗说得更为直白："我少知子由，天资和而清。岂独为吾弟，要是贤友

图5　苏辙像

生。"苏轼逝世后，苏辙为他写的墓志铭同样也说道："我初从公，赖以有知。抚我则兄，诲我则师。"可见二人的关系是既为兄弟更兼师友。当然，最著名的莫过于苏轼的那首脍炙人口、传诵千古的《水调歌头·明月几时有》了，即使是最挑剔的评论者也不得不承认，这首词可以被看作是苏轼的代表作，人称"中秋词，自东坡《水调歌头》一出，余词俱废"。这些记载兄弟二人手足之情的文字，后来都成为文学史上流传万世的佳话。随着两兄弟年岁的增长，作为父亲的苏洵也逐渐察觉到了二人性格上的不同，鉴于此，遂作了一篇《名二子说》的文章，说明他为两个儿子分别起名苏轼与苏辙的原因：

　　轮、辐、盖、轸，皆有职乎车，而轼独若无所为者。虽然，去轼则吾未见其为完车也。轼乎，吾惧汝之不外饰也。

　　天下之车，莫不由辙，而言车之功者，辙不与焉。虽然，车仆马毙，而患亦不及辙，是辙

者，善处乎祸福之间也。辙乎，吾知免矣。

在苏洵看来，构成一辆车子的轮子、辐条、上盖、车厢底部的横木，在车上都各有职责，唯独拦在坐车人胸前用作扶手的那一条横木——轼，好像是没有用处的。然而，去掉轼，就算不得一辆完整的车了。所以苏洵慨叹："轼啊！我害怕的是你过分显露自己而不会掩饰外表。"天下所有的车都从车走过的痕迹——辙上轧过，但讲到车的功绩，却从来不会给辙算上一份。这样倒也好，即使车倒了马死了，而祸患却也殃及不到辙。所以说，辙是善于在祸福之间自处的。因此苏洵认为，辙虽然没有福分却可以免除灾祸，他也就放心了。这篇短文很巧妙地借名字以比喻，对两个儿子进行了为人处世方面的教诲。苏洵很清楚苏轼的性格是旷达不羁、锋芒外露、倔强任性，而苏辙则中和淡泊、含蓄深沉、恬静稳健，兄弟二人各自的性格，与苏洵的《名二子说》倒也是紧密契合。虽然此文是苏洵为自己的两个儿子取名字时所作，然而结合苏轼、苏辙二人的生平，哥哥苏轼"一肚皮不合时宜"，于党争中不知自保，落得一生坎坷；弟弟苏辙才华、能力稍逊于兄，也没有哥哥那样的非凡名气，因此在政敌眼里显得不那么危险可怕，故而其仕宦生涯远比苏轼顺利，而且官位还高过乃兄。后来的种种情形，竟与苏洵当年所料完全相同，真可谓知子莫若父也。

师从道士张易简学习了三年以后，苏轼又由父母亲自指导。他学习很用功，加之天性聪颖，又勤奋好学，因此学业进步很快。一次，苏洵为了检验苏轼的学习情况，命他以《夏侯太初论》为题写一篇议论文章，文章的主人公夏侯太初为三国时期魏国的重臣。其时司马氏专权，不将魏国幼主曹芳放在眼里，专横跋扈，且篡位之意逐渐显露，所谓"司马昭之心，路人皆知"。夏侯太初为了扭转这种魏室衰微的现状而参与了推翻司马氏的密谋，却因消息泄露而被捕。临刑之际，夏侯太初面不改色，镇定自若，慨然赴死。就此事，苏轼在文章中评论道："人能碎千金之璧，不能无失声于破釜；能搏猛虎，不能无变色于蜂虿。"意思是，一个人尽管可以像蔺相如那样，手持价值连城、举世罕见的和氏璧，在面对强敌的胁迫时正气凛然、临危不惧、敢于以死抗争，却又可能因为听到一只瓦锅的破裂声而惊叫不已；一个人能够有勇气胆量与猛虎相搏，却也可能因为被蜜蜂之类的小虫子叮咬而惊慌失措。这就充分说明，人在有心理准备和没有心理准备这两种情况下的表现是截然不同的。夏侯太初之所以能从容不迫，慷慨赴死，是因为他在举事之初即做好了十足的心理准备。苏轼借这篇文章来赞颂夏侯太初的勇气和义行，父亲苏洵看到后，对儿子的这篇文章大加赞赏。一方面，他对于儿子通过文章所表现出的人格追求与价值取向颇为肯定；另一方面，他更是大为惊叹儿子在文章中所表现出的敏捷才思与哲理。因此，在课业上苏洵对苏轼愈加花费气力进行培养。除了读书、作文之外，苏轼还富有多方面的兴趣，大自然的万物生灵都能引起他极大的关注。每天私塾放学之后回到家，他就去家中树上的鸟巢中看有没有雏鸟降生。苏轼的母亲宅心仁厚，经常告诫家人及家中侍人，不得捕捉伤害鸟雀，久而久之，鸟雀知道在苏家的庭院里不会受到侵害，遂筑窝繁衍，美丽的鸟儿便成为苏轼幼年美好的记忆。此外，苏轼还悉心钻研琴棋书画，尤其喜爱书法和绘画。对书法，他是"幼而好书，老而不倦"；对绘画，他也是到了"轻死生而重于画"的迷恋程度。少年时代的兴趣和热爱，为他日后在这两方面的巨大成功奠定了坚实的基础。童年的苏轼是一个天资聪颖、活泼好动的孩子，因此他的童年生活充满了乐趣。他与弟弟苏辙游水登高，与表弟程之元漫山遍野地采摘山梨、松果、板栗。每逢此时，他作为哥哥总是勇敢地跑在前面探路，遇到山间地势险要之处，更是担当起照顾弟弟们的责任。他们饿了就食山间野果，渴了便饮清澈的山泉，累了则仰卧于山石之上。可以说，苏轼在乡间田园的童年生活，充满了自然情趣。他后来经常回想起这段生活，并且很欣慰地写道：

　　　　我昔少年日，种松满东冈。

　　　　初移一寸根，琐细如插秧。

　　　　二年黄茅下，一一攒麦芒。

　　　　三年出蓬艾，满山散牛羊。

　　　　不见十余年，想作龙蛇长。

　　　　夜风破浪碎，朝露珠玑香。

　　　　我欲食其膏，已伐百本桑。

　　　　人事多乖迕，神药竟渺茫。

　　　　揭来齐安野，夹路须鬖苍。

　　　　会开龟蛇窟，不惜斤斧疮。

　　　　纵未得茯苓，且当拾流肪。

　　　　釜盎百出入，皎然散飞霜。

　　　　槁死三彭仇，澡换五谷肠。

　　　　青骨凝绿髓，丹田发幽光。

　　　　白发何足道，要使双瞳方。

　　　　却后五百年，骑鹤还故乡。

　　　　　　　　　　　　　　——《戏作种松》

　　他与村中的群童于堂下戏鸟，与弟弟们一边读书，一边放着牛羊，这样的情景使他终生难忘：

　　　　我昔在田间，但知羊与牛。

　　　　川平牛背稳，如驾百斛舟。

　　　　舟行无人岸自移，我卧读书牛不知。

　　　　前有百尾羊，听我鞭声如鼓鼙。

　　　　我鞭不妄发，视其后者而鞭之。

泽中草木长，草长病牛羊。

寻山跨坑谷，腾趠筋骨强。

烟蓑雨笠长林下，老去而今空见画。

世间马耳射东风，悔不长作多牛翁。

——《书晁说之〈考牧图〉后》

苏轼十岁时，写作能力已特别突出。

一次，他的另一位老师刘微之在授课之余诗兴大发，即兴作了一首《鹭鸶赋》，诗的结尾写道："渔人忽惊起，雪片逐风斜。"写完之后自己觉得不错，便念给学生们听。苏轼听后，若有所思地对老师说："您的诗作得很好，但我以为末一句使人有一种无归属感，略显落寞了，似可改为'雪片落蒹葭'，不知先生以为如何？"刘微之听后沉吟片刻，对苏轼赞许地说："子瞻所言极是，弟子不必不如师。"可见老师对苏轼的敏捷才思也是非常赞赏肯定的。还有一次，苏轼和弟弟们在田野间游玩嬉戏，忽然遇见了一位白发苍苍的神秘老人，老人喜爱孩子们的童趣无邪，尤其见到聪颖活泼的苏轼，更是偏爱，遂送给了苏轼一把精巧的小刀，告诉苏轼此刀可是非同寻常，它可以去鼠害。若房子里有老鼠，只需焚香沐手，将此刀恭放于桌几上，再加以诚心祷告，鼠害即除。苏轼得到此刀后，觉得十分神奇，自是爱不释手，回家后不但做了一个精美的匣子来放刀，更是为这把刀作了一篇《却鼠刀铭》。祖父苏序读了此文以后，惊叹于苏轼的敏捷才思，因此命苏轼将这篇文章用上好的纸张工楷抄写一遍，自己亲自送去精心装裱后悬挂于安放奇刀的桌几后面的墙壁上，有客人来家中拜访便向人介绍孙子苏轼的这篇文章。看到祖父如此赏识自己的文章才学，苏轼为此心里也很是得意了好一阵子。

苏轼十一岁时，进入中等学校学习并积极准备参加科举考试。科举考试的最基本要求，便是考察考生的背诵能力。因此，对经典古籍以及经史诗文必须熟读成诵。老师要求学生背诵时要背对自己，以免他们偷看桌子上摊开的书本。背诵时不仅要了解文章所述的内容主旨，而且要掌握写作手法以及文字措辞。刻苦的学生往往能将整篇文章一字不落背过，而且将未加标点的文章逐一标点，从而显示自己的彻底掌握。而苏轼竟然将经书和正史完完整整地抄写了一遍，这种方法的优点首先是比阅读更能对书本的内容深刻掌握，其次在抄书的同时，也是练习书法的绝好机会。

苏轼十二岁那年，与同伴们凿地为戏，偶然发现了一块浅碧色的异石，表里皆有细细的银星，叩之铿然。他试着做成砚台后拿给父亲看，父亲称之为天砚，并亲手制作了一个木匣盛放天砚，让苏轼好好保存。苏轼很珍爱这方石砚，可是后来他因罪下狱，家属流离，书籍散乱，当他被贬到黄州后，却怎么也没能找到那方天砚。几年之后，当他乘船到安徽当涂时，偶尔打开自己所携的一只书箱，却惊喜地发现了这方石砚。天砚失而复得，使得苏轼更加喜爱此物，遂亲手交给两个儿子，让他们好好保存。

苏轼二十岁时，即将进京赶考，与此同时，不可避免的个人婚姻问题也随之而来了。俗话说，男大当婚女大当嫁，这个年龄也确实到了谈婚论嫁的年龄。而且按照当时的风俗，各地进京赶考的举子，如果未婚，一旦金榜题名，京城里那些有未出阁女儿的达官显贵们便会托人上门求亲。因此，显宦们同举子们一样非常关注放榜之日。一个是看自己是否榜上有名，另一个是看哪些是自己乘龙快婿的理想人选。也因为这样，每年京城举办科考之时，也是婚姻大事进行得最活跃的季节。古语有云："父母之命，媒妁之言。"在父母看来，找一个同乡知根知底人家的女子总要比一个一无所知、萍水相逢的人家来得稳妥、可靠些。因此，在父母的安排下，苏轼与乡邻青神县乡贡进士王方之女王弗结婚。王小姐比苏轼小三岁，同样是出身书香门第，自小便受到了良好的教育，可谓是知书达礼，加之性格沉静，因此婚后常在苏轼读书时陪伴在侧。两人情深意笃，恩爱有加。

当苏轼二十一岁出蜀进京时，他已是"学通经史，属文日数千言"，可谓在学识修养方面都相当成熟了。他思想通达、眼界宽广，这种知识的积淀所带来的气度上的超迈，使得苏轼在当时儒、释、道三教合一的时代氛围中如鱼得水。苏辙记述苏轼青少年时期的读书经历是：

> 初好贾谊、陆贽书，论古今治乱，不为空言。既而读《庄子》，喟然叹息曰："吾昔有见于中，口未能言，今见《庄子》，得吾心矣！"……后读释氏书，深悟实相，参之孔、老，博辩无碍，浩然不见其涯也。
>
> ——《亡兄子瞻端明墓志铭》

苏轼不仅对儒、释、道三种思想都能欣然接受，而且认为它们之间本来就是相通的。他曾说："庄子盖助孔子者。"庄子对孔子的态度是"阳挤而阴助之"，同时他又认为"儒释不谋而同""相反而相为用"。这种以儒学体系为根本而糅合释、道的思想，奠定了此后苏轼人生观的基础。

父亲苏洵虽然屡考不中，但是对于求取功名之路并未完全死心，他将自己在科考上的遗憾寄托在了两个聪明勤奋、饱读诗书的儿子身上。看着两个儿子的成长，苏洵心里十分欣慰，想着让他们尽快参加科举考试，取得功名，不要像自己一样被排斥在科举取士的大门之外。苏洵对苏轼和苏辙在诗词文章上的最大影响，就是他能够力排当时文坛上所流行的华美靡丽的文风，而坚持文章的淳朴风格，这和当时的文坛领袖欧阳修的观点是不谋而合的。欧阳修之所以发起诗文改革运动，其目的就是想借由他主试的科举考试一改当时只是耽溺于雕琢文句、卖弄辞藻的靡靡文风。苏轼在其父的影响下，对这种只怕句子朴质无华而刻意追求辞藻的靡丽，却置全篇效果于不顾的文风是相当鄙夷的，他将这种炫耀浮华的文章比喻为演戏开场时颈项、双臂挂满华丽珠宝的老妪。这种认识，自然在后来的考试中为欧阳修所赏识。此外，宋代的科举考试尽管已经没有唐代的"温卷"之风，不需要事先将自己的诗文作品送给在文坛上有地位的人，以求得他们的揄扬，并将自己推荐给主考官，以增加及第的希望，但疏通一下关系还是非常必要的。苏洵与成都府尹张方平相善。苏洵在名落孙山之后仍然苦读不懈，并且结合当时的天下大势，写出了一部讨论帝王为政之道以及干戈与玉帛之理的重要著作，他将此作呈给张方平，张方平读后大为惊叹，遂对苏洵非常器重，有意延请他为成都书院教席。但苏洵的志向显然更大，京城汴梁才是他心向往之的地方。由于这层关系，苏洵遂带着两个儿子出入张方平门下。张方平在出任成都府尹之前在京城为官，素爱青年才俊，也经常奖掖后进，因此在朝野上享有清誉。苏洵将两个儿子的文章呈给张方平看后，试探地问："犬子想参加乡试，您看可否？"张方平读了苏轼、苏辙的文章以后，连声赞叹，并非常肯定地回答说："两位公子去参加乡试，就好比驾着神骏却在窄陋小巷中奔驰，实在是屈才啊！应该直接去参加朝廷主办的考试，即使金榜得中，也不足以展现他们的卓绝才情啊！"苏洵听了张方平对苏轼兄弟如此高的评价，自是心花怒放，但嘴上却谦逊地说："您这样说，算是为他们的长远考虑吧。"遂请张方平写信向欧阳修推荐。张方平爱惜人才，再加上古道热肠，虽然事实上张方平与欧阳修的关系并不是十分融洽，但依然慨然应允，写信大力推荐苏氏父子。由于出师顺利，苏氏父子满心欢喜，因此在成都盘桓了几天，游览了成都的大慈寺。在寺中的极乐院观赏了唐代著名画家卢楞伽的罗汉图。并拜访了以狂怪闻名的蜀人李士宁。此人生性不羁，不为俗理所囿，常沉默寡言，但一见到苏轼，立刻就说："你很有贵人气象，将来一定名满天下。"这句话日后果然在苏轼身上应验了。可以说，成都的数日逗留，在客观上更为苏氏父子增添了无穷的勇气和昂扬的斗志。因此，怀揣着张方平推荐的书信，满怀着远大的志向，苏洵和两个儿子就要去京城汴梁一试身手了。

## 二、进士及第

宋仁宗嘉祐元年（1056）三月，苏轼和弟弟跟着父亲第一次离开家乡蜀中，踌躇满志、满怀激情地赶往京师汴梁，参加科举考试。

苏轼父子三人从蜀地起程北上，他们自嘉陵江畔的阆中进入褒斜谷，通过山间陡峭盘旋的古栈道，翻过秦岭，进入了关中。由于蜀中和关中之间间隔着茫茫的崇山峻岭，因此蜀地通往中原的道路异常艰险。唐代大诗人李白在他的著名诗篇《蜀道难》中，就曾反复咏叹"蜀道之难，难于上青天"。蜀道之难足以令

图6 剑门关

飞鸟敛翅，就连敏捷的猿猴也难以翻越。他们在这样的路途中跋涉，饱尝艰辛危难。但是，初出茅庐的苏氏兄弟，正是踌躇满志之时，崎岖难行的山路丝毫没有减弱兄弟二人的兴致，他们赶路的同时还抽出时间游览了沿途的名胜古迹，欣赏祖国大好河山的无限风光。路过剑门关时，苏轼被秦蜀古道上的剑门关那险峻的气势所打动。

这样一路走走停停，父子三人经凤翔，过扶风，越长安，出潼关，跨渑池。经过数月的长途跋涉，当他们到达京都汴梁时，已是石榴花挂满枝头的五月了。

开封，又称汴梁、汴京，作为北宋的首都，是当时最为繁华的大都市。北宋著名画家张择端的名画《清明上河图》就用生动细致的笔触刻画出清明时节汴河两岸的旖旎

风光。城外环绕着宽达百尺的护城河，两岸遍种榆树、柳树和杨树。有四条自西向东的河流穿城而过，其中最大的就是汴河。汴河作为运输自河南以及安徽而来的皇粮的重要水道，河上往来穿梭的船只异常繁忙热闹。汴河上设有水闸，白天开放，夜间关闭。横跨汴河的一座座雕花的木质桥梁，连接了两岸，汴梁因此得名。通向皇宫的是汴河上最大的桥，用精工雕凿的大理石筑成。而皇宫则位于汴京的最中央位置，鳞次栉比的宫殿饰有龙凤呈祥的浮雕，光亮闪烁的殿顶铺设着各种颜色的琉璃瓦。皇宫的西面是中书省和枢密院，而南面是国子监和太庙。四周围绕着条条大街，街上车水马龙，行人熙来攘往。而刚刚洗去旅途风尘的苏轼和苏辙，对大宋京城的绝美风光还来不及领略，就在父亲的督促下投入紧张的复习备考中。

初到京城，三苏父子寄居于庙宇之中，等待秋季的初试。此时正是五月，按说不是雨季，且汴京地处中原，常年少雨，但这一年偏偏大雨滂沱，而且持续了相当长的时间。汴京和京师周围因水患告急，大雨把汴京几乎变成了泽国，朝野上下以及黎民百姓都担忧起来。后来，苏轼在一首诗中详细记述了当时的大雨：

掩窗寂已睡，月脚垂孤光。

披衣起周览，飞露洒我裳。

山川同一色，浩若涉大荒。

幽怀耿不寐，四顾独彷徨。

忽忆丙申年，京邑大雨滂。

蔡河中夜决，横浸国南方。

车马无复见，纷纷操筏郎。

新秋忽已晴，九陌尚汪洋。

龙津观夜市，灯火亦煌煌。

新月皎如昼，疏星弄寒芒。

不知京国喧，是谓江湖乡。

今来牛口渚，见月重凄凉。

却思旧游处，满陌沙尘黄。

——《牛口见月》

八月，苏轼与苏辙同时报考。这次考试，苏氏昆仲在眉州来京的四十五个考生之中双双名列十三名之内，可谓是首战告捷。按照宋朝的规定，初试过关以后还要经过礼部的考试和皇帝的殿试。所以，兄弟俩丝毫不敢松懈，继续闭门刻苦攻读。与此同时，苏洵将他的著作以及推荐信呈给了时任礼部侍郎、翰林侍读学士的文坛泰斗欧阳修。向来以求才、育才为己任而深获文坛敬仰的欧阳修自然对苏洵给予了热情的接待，并主动将苏洵介绍给枢密使韩琦。次年正月，欧阳修受命担任礼部考试的主考官。当时的知识分子要想步入仕途，最主要也是最直接的途径就是科举考试，所以主考官对于文章的评判，就具有至高无上的权威。主考官试场评文的标准，对天下的文风就是一根无形而巨大的指挥棒。欧阳修负责这次礼部考试，他明确规定，考生所作之应试文章必须言之有物，平易流畅，对那些险怪奇涩、内容空洞、辞藻浮华的文章，一律不予录取。这种评判取士的标准正中苏氏兄弟的下怀，因为他们自幼在父亲的教导下，作文师法先秦两汉的古文，并以韩愈、柳宗元的文章为楷模，内容充实，感情真挚，文风质朴，文笔自然流畅，与欧阳修的文学主张可谓不谋而合。这次应考，正好展示平日所学，发挥所长。礼部考试那天，苏氏兄弟二人和其他考生一样，半夜就起身奔赴考场了。按当时的考试规定，考生必须要在天亮之前到达考场，而且没有答完考卷是不允许走出考场的，所以考生们都要自备干粮，以防考试时间太长导致饥肠辘辘而影响状态。当时的考试纪律十分严明，考生进入考场后被各自关闭在斗室之内，每间斗室有皇宫侍卫严加看守。这种场景，正如欧阳修的诗中所描述："无哗战士衔枚勇，下笔春蚕食叶声。"也就是说，寂静的考场上听不到一点点的喧闹声，只有笔尖在纸上发出的沙沙声响，就像春蚕食叶，又仿佛行军的战士衔枚疾走。宋代科举的考题与唐代不同，唐代以诗赋考查文才，以帖经考查积学，以策论考查识见。宋初也考过诗赋，仁宗之后则专考策论，以议论说理为主，是对考生的才、学、识进行综合考查。这对宋代文化的发展影响极大，唐宋古文八大家，宋代就占了六个。宋人的诗文辞赋，也离不了说理。

苏氏兄弟参加的这次考试，考题是《刑赏忠厚之至论》。苏轼对儒家的仁政主张修养有素，很快调动知识储备，整理思绪，完成构思，三易其稿，仅用六百余字，就阐明了他一生所遵循的儒家以仁治国的思想：

尧、舜、禹、汤、文、武、成、康之际，何其爱民之深，忧民之切，而待天下以君子长者之道也。有一善，从而赏之，又从而咏歌嗟叹之，所以乐其始而勉其终。有一不善，从而罚之，又从而哀矜惩创之，所以弃其旧而开其新。故其吁俞之声，欢休惨戚，见于虞、夏、商、周之书。成、康既没，穆王立，而周道始衰，然犹命其臣吕侯，而告之以祥刑。其言忧而不伤，威而不怒，慈爱而能断，恻然有哀怜无辜之心，故孔子犹有取焉。

《传》曰："赏疑从与，所以广恩也；罚疑从去，所以慎刑也。"当尧之时，皋陶为士。将杀人，皋陶曰"杀之"三，尧曰"宥之"三。故天下畏皋陶执法之坚，而乐尧用刑之宽。四岳曰"鲧可用"，尧曰："不可，鲧方命圮族"，既而曰"试之"。何尧之不听皋陶之杀人，而从四岳之用鲧也？然则圣人之意，盖亦可见矣。

《书》曰："罪疑惟轻，功疑惟重。与其杀不

辜，宁失不经。"呜呼，尽之矣。可以赏，可以
无赏，赏之过乎仁；可以罚，可以无罚，罚之过
乎义。过乎仁，不失为君子；过乎义，则流而入
于忍人。故仁可过也，义不可过也。古者赏不以
爵禄，刑不以刀锯。赏之以爵禄，是赏之道行于
爵禄之所加，而不行于爵禄之所不加也。刑之以
刀锯，是刑之威施于刀锯之所及，而不施于刀锯
之所不及也。先王知天下之善不胜赏，而爵禄不
足以劝也；知天下之恶不胜刑，而刀锯不足以裁
也。是故疑则举而归之于仁，以君子长者之道待
天下，使天下相率而归于君子长者之道。故曰：
忠厚之至也。

《诗》曰："君子如祉，乱庶遄已。君子如
怒，乱庶遄沮。"夫君子之已乱，岂有异术哉？
时其喜怒，而无失乎仁而已矣。《春秋》之义，
立法贵严，而责人贵宽。因其褒贬之义，以制赏
罚，亦忠厚之至也。

文章指出，为政者应"以君子长者之道待天下"。一
方面，赏罚必须分明。总之，无论赏罚，都应本着"爱民
之深，忧民之切"的忠厚仁爱之心，这样便可以达到"使
天下相率而归于君子长者之道"的文治昌明的理想世界。

苏轼放下笔，满怀信心地走出考场。历来的大才举
子，与主考官本来就在同一个水平线上。当年白居易与元
稹参加考试，事先准备了七十五篇策论。他们考完后走出
考场，相视一笑，原来主考官之所问，还不及他们准备的
十分之一，哪有考不上的道理？苏氏兄弟当然也是有备而
来，他们对自己的文章是很有信心的。苏轼的这篇应试之
作，日后就成了千古传诵的古文名篇。

按照宋代的考试法规，为了防止出现徇私舞弊的情
况，在将考生的试卷收齐之后，先由办事人员登记在册，

接着由书记统一誊录一遍，再呈交考试官评阅。书记誊录的试卷，既略去了考生的姓名，也没有考生的笔迹可以参考，只能以文章的水平确定取舍。评卷也采取封闭式，在考生出场之前，考试官就已进入试院，与外界隔绝，直到阅卷完毕才能出来，从而保证了考试成绩的客观、公允。

这次按房分卷，国子监直讲梅尧臣作为本次考试的详定官，最先读到苏轼这篇应试文章，称赏备至，当即呈荐给主考官。欧阳修一气读过，也惊叹有加，感觉文章对传统的儒家仁爱思想理解深透，又阐发了个人的独到见解。全文引古喻今，说理透彻，语意敦厚，笔力稳健，质朴自然，颇具古文大家的风采。他本想评此卷为第一，名列榜首，但转念一想，这篇文章，很可能出于自己及门弟子曾巩之手。作为文坛领袖，他自信除过自己的门下弟子之外，天下不会有第二人能写出如此出色的文章，如果把曾巩取为第一，岂不是授人以柄？于是决定忍痛割爱，将此篇文章评为第二。苏轼对这一切一概不知。金子就是金子，放到哪儿都可以发光。接下来参加的礼部复试，苏轼又以"春秋对义"拔得头筹。三月，礼部考试合格者参加殿试，仁宗皇帝亲临崇政殿主持策问，苏轼兄弟同科进士及第。这时，苏轼二十二岁，苏辙十九岁。苏氏兄弟气宇轩昂、才华出众，给仁宗皇帝留下了十分深刻的印象。殿试结束，仁宗回到后宫，兴冲冲地对皇后说："我今天为子孙得了两个太平宰相！"

阴差阳错，苏轼没能成为这次科考的状元。这对苏轼来说，多少有点可惜和遗憾。因为在宋代能够状元及第，要比率兵三十万北上收复幽燕，凯歌而还、献捷太庙还要荣耀。苏轼如果状元及第，会对他日后的仕途更为有利。如果他位居要津，就可以更好地发挥自己的才能。但他的锦绣文章显示出的卓越才华还是引起了主考官欧阳修高度的重视和热情的奖掖。金榜题名之后，主考官因为录取了这名考生，一方面表示了自己恪尽其职发现了真才；另一方面，与新科进士之间，也便自然结成了老师与门生的名分，产生了特殊的情谊。按例考中的学生应去拜谒主考老师以示敬意，同时修书以谢老师恩德。于是苏轼便向欧阳修呈递了《谢欧阳内翰书》，表达自己对欧阳修知遇之恩的诚挚谢意：

　　轼窃以天下之事，难于改为。自昔五代之余，文教衰落，风俗靡靡，日以涂地。圣上慨然太息，思有以澄其源，疏其流，明诏天下，晓谕厥旨。于是招来雄俊魁伟敦厚朴直之士，罢去浮巧轻媚丛错采绣之文，将以追两汉之余，而渐复三代之故。士大夫不深明天子之心，用意过当，求深者或至于迂，务奇者怪僻而不可读，余风未殄，新弊复作。大者镂之金石，以传久远；小者转相摹写，号称古文。纷纷肆行，莫之或禁。盖唐之古文，自韩愈始。其后学韩而不至者为皇甫湜。学皇甫湜而不至者为孙樵。自樵以降，无足观矣。伏惟内翰执事，天之所付以收拾先王之遗文，天下之所待以觉悟学者。恭承王命，亲执文柄，意其必得天下之奇士以塞明诏。轼也远方之鄙人，家居碌碌，无所称道，及来京师，久不知名，将治行西归，不意执事擢在第二。惟其素所蓄积，无以慰士大夫之心，是以群嘲而聚骂者，动满千百。亦惟恃有执事之知，与众君子之议论，故恬然不以动其心。犹幸御试不为有司之所排，使得搢笏跪起，谢恩于门下。闻之古人，士无贤愚，惟其所遇。盖乐毅去燕，不复一战，而范蠡去越，亦终不能有所为。轼愿长在下风，与宾客之末，使其区区之心，长有所发。夫岂惟轼之幸，亦执事将有取一二焉。不宣。

这封五百字的谢师书，在表达谢意的同时，更是极为精要地概述了宋朝建立以来文学发展的艰难进程。苏轼在文中说，宋初文坛深受五代时期文学积弊的影响，从而导致了靡靡之音蔓延文坛，且风气日下。宋朝历代帝王均对此深感忧虑，故曾诏令天下，希望"罢去浮巧清媚丛错采绣之文"，恢复先秦两汉时期的质朴文风，从而做到正本清源。这样做的出发点是好的，但在实际的实施过程中却是矫枉过正，易导致天下文人作文或者为了追求文章的深意而引经据典，故弄玄虚，从而使得文风过于迂腐；或者刻意追求新意而至于"怪僻不可读"。这样一来，不但旧弊未除，反而新弊又起。究其根本原因，就在于画虎不成反类犬，欲学"文起八代之衰"的韩愈却未能学到其精髓，反而继承了由韩门弟子皇甫湜片面发展的韩愈在古文创作中所表现出的险怪奇诡的一面，可谓是一语道破端倪。该文短小精悍，说理透彻，高屋建瓴，充分显示出苏轼不凡的远见卓识和高超的文字驾驭能力。欧阳修读后赞不绝口，连说："读轼书，不觉汗出。快哉！快哉！老夫当避此人，放出一头地也。可喜！可喜！"更是对自己的儿子说："更三十年，无人道着我也！"也就是说，三十年后，天下没有人还会再提到我欧阳修。他的这种大胆预言，后来果然得到了印证。

韩愈曾感叹千里马常有，而伯乐不常有，大量的千里马只好屈居于槽枥之间。苏轼固然后生可畏，但欧阳修发现人才的眼力，提携后进的热忱，也同样可敬可佩。作为文学权威，欧阳修以他当时在社会和文坛上的声望，一字之褒，一字之贬，足以关涉青年学子一生的荣辱成败。苏轼有幸得到他如此高度的评价，因而一时之间，名满天下。有了欧阳修这样的伯乐，便给苏轼这匹千里马提供了在文化王国纵横驰骋的宽阔平台。

读过《谢欧阳内翰书》之后，欧阳修热情约见苏轼。于是苏氏兄弟在父亲的带领下，一同到府上拜见恩师。之前只见苏轼其文，这次终于见到了本人，彼此都觉得非常亲切，欧阳修自然少不了褒扬和鼓励。几句寒暄之后，欧阳修问苏轼："我曾在你那篇《刑赏忠厚之至论》中看到你说远古尧帝时皋陶执掌司法，有人犯罪，皋陶曾三次提出要杀他，尧帝却三次赦免了他，这个典故出自何处啊?"苏轼不假思索地答道："此典故出自《三国志·孔融传》注中。"欧阳修听完觉得诧异，心想《三国志·孔融传》自己是认真读过的，没有发现书中提到过这个典故呀。或认为自己可能读时遗漏了，或考虑说出书中并无此典故使得苏轼难堪而影响谈话气氛，欧阳修因此并未明说。苏轼父子走了以后，他立即将《三国志·孔融传》的注仔细地从头到尾重新读了一遍，却始终没有发现这个典故，因此十分纳闷。下一次见面，欧阳修又问苏轼。苏轼说："曹操灭袁绍后，将袁绍次子袁熙的美妻甄宓赏赐给儿子曹丕。北海相孔融对此十分不满，对曹操讲了一个典故，说当年武王伐纣，将商纣王的宠妃妲己赏赐给了周公。曹操忙问此事见于哪本书上。孔融说并无所据，是他自己想当然罢了，即是以今天的事情来推测古代的情况。因此，学生也是以尧帝为人的仁厚和皋陶执法的严格来推测，纯属想当然耳。"欧阳修听后不由得击节称叹，事后多次和他人谈起苏轼，说："此人可谓善读书、善用书，他日文章必独步天下。"对于苏轼这样的青年才俊，欧阳修并不独爱，将苏轼先后推荐给了宰相文彦博和富弼。对于苏轼来说，幼年时代读过的《庆历圣德诗》中出现的这些让他敬佩不已的当代英杰，如今都将他待为上宾，真可谓平生大幸。唯一令苏轼引为平生之憾的是范仲淹已于几年前去世，无缘亲聆教诲。尽管如此，范仲淹以其"先忧后乐"的"大厉名节，振作士气"（朱熹语），以其为国为民、奋不顾身的崇高博大的精神境界为表率，开启了有宋一代崭新的士风。这位伟大人物的流风余韵，对于青年苏轼的影响是难以估量的。

## 三、丁忧北上

正当苏轼昆仲像光彩灼熠的明星照亮宋代文坛的上空，一举成名，声誉鹊起，广收博誉之时，意想不到的噩耗从天而降。母亲程氏夫人于四月初八病故，临终之际，由于山水阻隔，音信难觅，她还不知道自己的两个爱子已在京城双双高中。苏轼父子三人于五月底方闻此噩耗，悲痛欲绝之余决定立即返家，神情恍惚之际仓促离京，甚至都来不及与亲友告别，便日夜兼程，赶回家中。只见原来温馨的故居现已一派荒凉，屋庐倒坍，篱落破漏，如逃亡人家，可谓物是人非事事休。回想当年母慈子孝，书声琅琅，屋里屋外，整洁清新，欢声笑语，其乐融融的情形，不禁潸然泪下，悲痛欲绝。

苏洵将夫人安葬在武阳安镇山下老翁泉旁，并在泉上筑了一座亭子，此外，还作了《祭亡妻文》，以寄托哀思。

当时，如果父母或祖父母死去，子孙辈必须谢绝平常的人事应酬，做官的人还需解除职务，在家守孝二十七个月，叫作守制或丁忧。从嘉祐二年（1057）六月起，苏轼便开始了丁忧家居。

光阴荏苒，岁月如梭，转眼间已是嘉祐四年（1059）的秋天，苏氏兄弟服丧期满。而在此之前，苏洵也已先后两次接到朝廷的诏命，召他进京。

父亲接到朝廷诏命入京，兄弟二人新科进士及第也应授官上任，因此父子三人经过慎重商量之后，决定举家迁往京城，行期就定在十月初。常言道：十月小阳春。这个时节正是南方一年中最舒爽的季节。气候宜人，天高云淡，秋高气爽，漫山红遍，层林尽染，远山近水，处处呈现出一种成熟收获的气氛。

时隔三年，苏氏兄弟第二次离家远游。随着年岁的增长，阅历的丰富，苏氏兄弟相比以前显得沉稳老成多了。现在他们已经是名满天下的新科进士，辉煌灿烂、如日中天的前景唾手可得，因此兄弟二人依然是豪情万丈。但是，心中涌动着的已经不单单是成名成家的热望，而是产生了许多对于报效国家、造福生民的更具体、更实际、更崇高的思考。"立德、立功、立言"，儒家这"三不朽"的古训早已深深地烙进他们的心灵。而现在，他们更是思考着如何把自我道德人格的完善、社会责任的完成和文化创造的建树三者融合为一体。这种融合，既是对平生所学的一种完美展示，更是被确定为自己人生的终极目标，需要身体力行地去加以实现。

苏轼一家收拾停当，开始了北上之旅。不像第一次离家时是轻车简从，翻山越岭尚可勉强通过，这一次是举家迁移，走陆路实在难似登天。因此他们决定先走水路过泸州（今四川省泸州市）、渝州（今重庆市）、涪州（今重庆市涪陵区）、忠州（今重庆市忠县）、夔州（今重庆市奉节县），出三峡，到江陵（今湖北省荆州市）。江陵以后的路程，改由陆路北上。他们先从眉山向南到达嘉州，继而在嘉州登船。嘉州位于岷江、青衣江和大渡河的汇合处，那里有中外驰名的乐山大佛，佛像高达七十一米，背依陡峭的山崖，面临湍急的江流，气魄十分雄伟。苏轼有感作诗：

> 朝发鼓阗阗，西风猎画旗。
> 故乡飘已远，往意浩无边。
> 锦水细不见，蛮江清更鲜。
> 奔腾过佛脚，旷荡造平川。
> 野寺有禅客，钓台寻暮烟。
> 相期定先到，久立水潺潺。
>
> ——《初发嘉州》

鼓声喧阗，西风猎猎，画旗招展，美丽的故乡渐渐消失在远方。此一去不知何时才能回来，心中不免有几分依恋之情，但是崭新、宽广的生活道路已在眼前徐徐铺开，伟大壮丽的功业等待着他去建立。

同样的题目，父亲苏洵和弟弟苏辙也分别作诗以托物言志：

> 家托舟航千里速，心期京国十年还。
> 乌牛山下水如箭，忽失峨眉枕席间。
>
> ——苏洵《初发嘉州》

> 放舟沫江滨，往意念荆楚。
> 击鼓树两旗，势如远征戍。
> 纷纷上船人，橹急不容语。
> 余生虽江阳，未省至嘉树。
> 巉巉九顶峰，可爱不可住。
> 飞舟过山足，佛脚见江浒。
> 舟人尽敛容，竞欲揖其拇。
> 俄顷已不见，乌牛在中渚。
> 移舟近山阴，壁峭上无路。
> 云有古郭生，此地苦笺注。
> 区区辨虫鱼，尔雅细分缕。
> 洗砚去残墨，遍水如黑雾。
> 至今江上鱼，顶有遗墨处。
> 览物悲古人，嗟此空自苦。
> 余今方南行，朝夕事鸣橹。
> 至楚不复留，上马千里去。
> 谁能居深山，永与禽兽伍。
> 此事谁是非，行行重回顾。
>
> ——苏辙《初发嘉州》

这一次的离家，不似第一次是为进京赶考，而是由于母亲病故后，家中无所依傍的举家北迁。苏轼虽然无限伤感，但对未来的热烈向往已完全占据了他的整个心灵。因此，在《涪州得山胡次子由韵》诗中他即写道：

> 终日锁笭笼，回头惜翠茸。
> 谁知声哗哗，亦自意重重。
> 夜宿烟生浦，朝鸣日上峰。
> 故巢何足恋，鹰隼岂能容。

故乡眉山已不能施展自己的远大抱负和人生理想，他要到广阔的天地里展翅高飞，大展宏图。江流湍急，船行疾速，水面上不时涌起翻卷的浪花，这一切正与苏轼急于建功立业的心情相一致：

> 船上看山如走马，倏忽过去数百群。
> 前山槎牙忽变态，后岭杂沓如惊奔。
> 仰看微径如缭绕，上有行人高缥缈。
> 舟中举手欲与言，孤帆南去如飞鸟。
>
> ——《江上看山》

在诗人眼中，因为顺流而下，船只迅如闪电，瞬息而过的群山快如奔马，而江中的行船疾似飞鸟，在船只的移动和群山的后退之间，层峦叠嶂，峰岭各异，山上的云雾纷至沓来，瞬息万变，带给人无限的视觉乐趣和感官享受。两岸的高山绝壁之上，蜿蜒的小径迂回盘旋，在云雾中时隐时现，樵夫和采药人行走其间，恍如仙人一般。船上豪情满怀的苏轼看到此情此景，情不自禁地挥舞着双手，想向他们传递一声热情的问候，然而小船飞速前进，眨眼之间轻舟已过万重山。全诗飞动流转，一气呵成，善用比喻，形象生动，显示出苏轼万丈的诗才和豪迈的诗情。

伴着一路高歌，一路盘桓，走走歇歇，苏轼和家人顺流而下，欣赏着名山大川的美景，了解所经各地的风土人情，顺便瞻仰先贤遗迹。途中的一天，他们的船只经过忠州，因为早就听说那里有一座屈原塔，父子三人便下船登岸，前往游览怀古。虽然忠州古属楚地，但实际上屈原并未去过那里，其生平事迹也与此地无关。后人有感于屈原崇高的精神品质和爱国情操，故而建此塔以供人凭吊，慎终追远。伫立塔前，苏轼不禁浮想联翩，心潮澎湃，一首《屈原塔》喷薄咏出：

> 楚人悲屈原，千载意未歇。
> 精魂飘何处，父老空哽咽。
> 至今沧江上，投饭救饥渴。
> 遗风成竞渡，哀叫楚山裂。
> 屈原古壮士，就死意甚烈。
> 世俗安得知，眷眷不忍决。

伟大的爱国诗人屈原，为了坚持自己的人生理想和崇高节操，决不随波逐流，勇敢地向污浊黑暗的社会宣战，这种不甘屈服的决心使得他不惜慷慨赴死而无怨无悔。"众人皆醉我独醒，众人皆浊我独清"，这种深刻的孤独背后显示出的是永恒不朽的高风亮节。屈原在赢得无数后人的景仰和怀念的同时，也将自己的高名刻在了华夏的史册上。在苏轼看来，这份景仰和怀念跨越时间，更跨越地域：

图7　屈原像

> 南宾旧属楚，山上有遗塔。
> 应是奉佛人，恐子就沦灭。
> 此事虽无凭，此意固已切。

在忠州这片古老的土地上，至今还有纪念屈原的碑塔，这正是屈原死而不亡，永远活在人们心中的显著标志。尽管屈原没有到过忠州，这一处遗迹于史无凭，但忠州人民怀念屈原，修建碑塔，寄托自己的追慕思念之情，这份心意却是十分真切的。苏轼久久徘徊于塔前，思索着生命的价值和人生的意义。悲壮遒劲的五言古诗，字字句句从他年轻热烈的胸中奔涌而出：

> 古人谁不死，何必较考折。
>
> 名声实无穷，富贵亦暂热。
>
> 大夫知此理，所以持死节。

生命固然可贵，但是人生又有谁能免于一死呢？只有精神和节操才是永恒的。相比之下，荣华富贵不过是过眼烟云，实在是无足轻重。屈原之所以决然自沉以殉国，正是因为他认清了这一人生至理。

离开忠州，继续前行。碧波滔滔的长江，秀丽多姿的巫山，夔州的八阵图，奉节的永安宫，还有神女庙、昭君村等山川文物、名胜古迹，处处鼓荡着他们的襟怀，激发起他们的才思。父子三人经常同题赋诗作文，切磋技艺。

船走走停停，转眼月余，秋去冬来，凛冽的北风吹来了鹅毛大雪，一派银装素裹。舟中无事，苏洵命人做了几样精致的小菜，父子三人围着暖暖的炉火在船舱里饮酒赏雪。舱外白雪飘飘，舱内暖意融融，如此良辰美景，自然不可无诗。苏轼提议学"欧阳体"作《江上值雪》诗。所谓"欧阳体"，即是按照欧阳修当年的限制，咏雪不得用到盐、玉、鹤、鹭、絮蝶飞舞之类的比喻，并在此基础上再加上一道限制，不准用到皓、白、洁、素等形容词。兄弟俩一样才思敏捷，只略作思索，便一挥而就。苏轼更是写出了"青山有似少年子，一夕变尽沧浪髭"这类新颖而形象的句子，将雪后美景生动地展现在人们眼前。苏轼的早期作品反映出他对诗歌创作技巧的自觉磨炼：

> 缩颈夜眠如冻龟，雪来惟有客先知。
>
> 江边晓起浩无际，树杪风多寒更吹。

青山有似少年子，一夕变尽沧浪髭。

方知阳气在流水，沙上盈尺江无澌。

随风颠倒纷不择，下满坑谷高陵危。

江空野阔落不见，入户但觉轻丝丝。

沾掌细看若刻镂，岂有一一天工为。

霍然一挥遍九野，吁此权柄谁执持。

世间苦乐知有几，今我幸免沾肤肌。

山夫只见压樵担，岂知带酒飘歌儿。

天王临轩喜有麦，宰相献寿嘉及时。

冻吟书生笔欲折，夜织贫女寒无帏。

高人著履踏冷冽，飘拂巾帽真仙姿。

野僧斫路出门去，寒液满鼻清淋漓。

洒袍入袖湿靴底，亦有执板趋阶墀。

舟中行客何所爱，愿得猎骑当风披。

草中咻咻有寒兔，孤隼下击千夫驰。

敲冰煮鹿最可乐，我虽不饮强倒卮。

楚人自古好弋猎，谁能往者我欲随。

纷纭旋转从满面，马上操笔为赋之。

——《江上值雪效欧阳体限不以盐玉鹤鹭絮蝶飞舞之》

　　苏轼一家乘船行六十余天，经过十一个州郡、二十六个县，于十二月八日抵达江陵。因为已近年关岁暮，全家便暂且停顿下来，略作修整，等过了新年再从陆路北上京师。为了纪念这次舟行，父子三人把途中所作诗文一百多首收集在一起，编为《南行集》（又叫作《江行唱和集》）。其中有苏轼诗四十二首，这是现存苏诗中最早的一批作品，可以看作是他一生诗歌创作的起点。

　　苏轼为《南行集》写了序，指出：

　　　　夫昔之为文者，非能为之为工，乃不能不为之为工也。山川之有云雾，草木之有华实，充满勃郁，而见于外，夫虽欲无有，其可得耶？

文学来源于生活。优秀的文学作品并不是"能为之"造成的，而是"不能不为之"的产物，就像山川兴云起雾，草木开花结果，内在的充实自然而然地表现于外部。这就要求作家深入生活，在生活中有所认识，有所领悟，然后再进入创作阶段。为作文而作文的勉强为之，显然是写不出好的作品的。苏轼这一重要的文学思想受教于他的父亲苏洵，也为他后来的文学创作确立了正确的方向。

这篇《南行前集叙》是苏轼在客居江陵驿站时写的。在江陵停留的日子，苏轼也常和父亲、弟弟外出游玩，有感于当地的风土人情，苏轼作了一组五言律诗《荆州》，共十首：

一

游人出三峡，楚地尽平川。

北客随南贾，吴樯间蜀船。

江侵平野断，风卷白沙旋。

欲问兴亡意，重城自古坚。

二

南方旧战国，惨澹意犹存。

慷慨因刘表，凄凉为屈原。

废城犹带井，古姓聚成村。

亦解观形胜，升平不敢论。

三

楚地阔无边，苍茫万顷连。

耕牛未尝汗，投种去如捐。

农事谁当劝，民愚亦可怜。

平生事游惰，那得怨凶年。

四

朱槛城东角，高王此望沙。

江山非一国，烽火畏三巴。

战骨沦秋草，危楼倚断霞。

百年豪杰尽，扰扰见鱼虾。

五

沙头烟漠漠，来往厌喧卑。

野市分獐闹，官帆过渡迟。

游人多问卜，伧叟尽携龟。

日暮江天静，无人唱楚辞。

六

太守王夫子，山东老俊髦。

壮年闻猛烈，白首见雄豪。

食雁君应厌，驱车我正劳。

中书有安石，慎勿赋离骚。

七

残腊多风雪，荆人重岁时。

客心何草草，里巷自嬉嬉。

爆竹惊邻鬼，驱傩逐小儿。

故人应念我，相望各天涯。

八

江水深成窟，潜鱼大似犀。

赤鳞如琥珀，老枕胜玻璃。

上客举雕俎，佳人摇翠篦。

登疱更作器，何以免屠刲。

九

北雁来南国，依依似旅人。

纵横遭折翼，感恻为沾巾。

平日谁能挹，高飞不可驯。

故人持赠我，三嗅若为珍。

十

柳门京国道，驱马及春阳。

野火烧枯草，东风动绿芒。

北行运许邓，南去极衡湘。

楚境横天下，怀王信弱王。

迎着春日的初阳，驰马穿过城门（柳门即荆州城门之一），北向进京的道路宽阔而平坦。道路两旁的枯草在和煦的春风吹拂下，星星点点地冒出了绿芽。在这广袤的原野上，诗人纵目极望，思接千载。最后一首诗的前四句写初春景象，后四句怀古咏史。这里曾是战国时楚国的故地，北至许州、邓州，南到衡山、湘江。楚怀王拥有这样辽阔的疆域，却因疏远屈原，宠信皇后郑袖，加之被秦国谋士张仪所欺骗，最后竟然困死于秦国，他真是懦弱无能！这不禁使人联想到，现在宋朝疆域更广，难道不应有所作为、奋发自强吗？蓬勃兴旺的初春气象，慷慨激昂的诗句，透露出苏轼政治上的勃勃雄心和乐观自信、豪迈奔放的精神气质。

苏轼父子三人到达京城时，已是二月，正赶上北方的漫天大雪。在距京城九十余里的一个叫尉氏（今河南省开封市尉氏县）的地方，苏轼独自一人被大雪封困在驿站，正在他对火枯坐之时，门外拥雪闯进来一个黑脸汉子，邀苏轼一道饮酒。两人对饮甚欢，大醉而眠。第二天一早汉子骑马南去，望着客人的背影，苏轼才想起来还没有问过那人的姓名。苏轼有诗专咏此事，诗题为《大雪独留尉氏》。该诗文字简洁传神，有如一极短的散文。诗曰：

古驿无人雪满庭，有客冒雪来自北。

纷纷笠上已盈寸，下马登堂面苍黑。

苦寒有酒不能饮，见之何必问相识。

我酌徐徐不满觥，看客倒尽不留湿。

千门昼闭行路绝，相与笑语不知夕。

醉中不复问姓名，上马忽去横短策。

在苏轼的笔下，行客的举止闪现出唐传奇中游侠的身影。行客的豪爽在某种程度上正是苏轼自己性格的极好写照。苏氏父子三人到了汴京后，礼部任命苏轼为河南府福昌县（今河南宜阳县西）主簿。主簿的职责主要是办理文书等事宜。苏辙也被任命为渑池县（今属河南）主簿。但是他们都没有去上任，而是在准备"制科"考试，这是一种皇帝特别下诏举行的考试。嘉祐六年（1061）八月，在欧阳修的推荐下，兄弟二人参加了秘阁的制科考试，苏轼参加了"贤良方正能直言极谏科"的考试，作了《王者不制夷狄论》等六论。之前秘阁的考试皆不起草，故文多不工，自苏轼开始，可以先起草，所以苏轼的六论"文义粲然，时以为难"。殿试时，苏轼以《御试制科策》考入第三等，苏辙考入第四等。第三等是宋代的最高等，宋朝建立以来入第三等的只有吴育和苏轼两人，苏轼以后北宋的六七十年里也只取了范百禄和孔文仲两人。考试结束后，苏轼被任命为大理评事、签书凤翔府（今陕西省凤翔县）节度判官。大理评事是负责刑狱的京官，签书判官是州府里掌管文书、佐助州官的官员。同时，弟弟苏辙也被授予商州（今陕西省商洛市）军事推官。

## 四、步入仕途

步入仕途后，苏轼就不像在科场上那样得心应手了。

自孔子说出"学而优则仕"那句名言后，古代的文人就将跻身仕途作为人生的最高目标。辞亲远游，读书科举，就是进入仕途的途径。但仕途历来与坎坷相伴，需要面对市朝倾轧，宦海浮沉。一般文人从书本上读社会，沾染了理想化的色彩，而现实却远远不是书本上所描绘的那样。文人们对此却缺乏思想准备，连孔子、孟子当年都碰得头破血流。苏轼也是这样，说到底他是一介书生，他父亲也是一介寒儒，没有丝毫的从政经历，因此也没有在官场中建立起自己的关系网，当然也没有给儿子遗传做官的基因。苏轼一切都要从头做起。尽管他所读的四书五经就是为社会设计的，但社会这本大书，要比四书五经本身复杂得多。苏轼读四书五经，可以读到状元的水平；但读社会这本大书，只是在及格线上徘徊。再加上他的性格，对社会这本大书，始终没有读进去。于是，仕途上等待着他的，就是倾轧、浮沉、坎坷。

宋仁宗嘉祐六年（1061），苏轼被授大理评事、签书凤翔府判官，审问案件，连署奏折公文，从此步入仕途。凤翔位于关中西部，距离渭水不远，是一座历史非常悠久的文化名城。从名字上看，这个地方很明显与凤凰有关。据说周朝在逐渐崛起，即将强盛发达之时，一对雍容华丽的凤凰曾在此地上空飞舞翱翔，凤翔因此而得名。对于这个传说，《国语》中即有记载："周之兴也，鸑鷟鸣于岐山。"鸑鷟是凤凰的一个种类。《诗经·大雅·卷阿》中也有"凤凰鸣矣，于彼高岗"的描述。在《竹书纪年》里则更是非常明确地记载道："商王文丁十二年，有凤集于岐山。"从商朝末年开始，周部族即由邠（今陕西省彬州市）迁于岐山之阳的"周原"一带，这就包括今天的凤翔。迁居之后，周部族以此地作为政治中心并逐渐向外扩张，周人活动的轨迹遍布西府。凤凰是周部族的图腾，凤翔处处可见与凤凰有关的遗迹，至今还有诸如凤凰泉、凤凰头、凤尾村等地名。九百多年前，这座凤凰之城张开了她宽广的怀抱和羽翼，充满希望地迎接着苏轼这位初入仕途的旷代文豪。

其实在五年前，也就是宋仁宗嘉祐元年（1056），苏轼第一次出蜀时便曾经路过凤翔府，还想借宿凤翔的馆驿。但其时馆驿年久失修，破败不堪，无法容身，便接着赶路了。苏轼这次初仕凤翔，见到当年的馆驿已经修葺一新，整洁干净，过往客人纷纷入住，给大家提供了极大的方便，不禁喜出望外。激动之余，作了一篇《凤鸣驿记》以颂：

始余丙申岁举进士，过扶风，求舍于馆人，既入，不可居而出，次于逆旅。其后六年，为府从事。至数日，谒客于馆，视客之所居，与其凡所资用，如官府，如庙观，如数世富人之宅，四方之至者，如归其家，皆乐而忘去。将去，既驾，虽马亦顾其皂而嘶。余召馆吏而问焉。吏曰："今太守宋公之所新也。自辛丑八月而公始至，既至逾月而兴功，五十有五日而成。用夫三万六千，木以根计，竹以竿计，瓦甓、坯、钉各以枚计，秸以石计者二十一万四千七百二十有八。而民未始有知者。"余闻而心善之。

其明年，县令胡允文具石请书其事。余以为有足书者，乃书曰：古之君子不择居而安，安则乐，乐则喜从事，使人而皆喜从事，则天下何足治欤。后之君子，常有所不屑，使之居其所不屑，则躁，否则惰。躁则妄，惰则废，既妄且废，则天下之所以不治者，常出于此，而不足怪。今夫宋公计其所历而累其勤，使无龃龉于世，则今且何为矣，而犹为此官哉。然而未尝有不屑之心。其治扶风也，视其尪羸者而安植之，求其蒙茸者而疏理之，非特传舍而已，事复有小于传舍者，公未尝不尽心也。尝食刍豢者难于食菜，尝衣锦者难于衣布，尝为其大者不屑为其小，此天下之通患也。《诗》曰："岂弟君子，民之父母。"所贵乎岂弟者，岂非以其不择居而安，安而乐，乐而喜从事欤？夫修传舍，诚无足书者，以传舍之修，而见公之不择居而安，安而乐，乐而喜从事者，则是真足书也。

文章中苏轼写到他首次路过凤翔时欲投馆驿借宿，但"不可居而出，次于逆旅"，足可见馆舍之破败。而今重来，眼前馆驿的景象则是"如官府，如庙观，如数世富人之宅，四方之至者，如归其家，皆乐而忘去。将去，既驾，虽马亦顾其皂而嘶"。将要离开时，别说途人，就连马匹都回首嘶鸣，依依不舍。这座曾经破败后又焕然一新的凤翔馆驿，就是在时任凤翔知府宋选的亲自督办下整修完成的。这位宋知府，也就是本文中馆吏口中提到的"宋公"。这位贤良的知府虽然年长苏轼很多，但却与苏轼相交日久，而且他的弟弟、儿子也与苏轼交善，可谓通家之好。苏轼能在初入仕途时即遇到这位敦厚长官，不可谓不幸运。在写给弟弟苏辙的诗中，苏轼即感慨道：

> 薄宦驱我西，远别不容惜。
> 方愁后会远，未暇忧岁夕。
> 强欢虽有酒，冷酌不成席。
> 秦烹惟羊羹，陇馈有熊腊。
> 念为儿童岁，屈指已成昔。
> 往事今何追，忽若箭已释。
> 感时嗟事变，所得不偿失。
> 府卒来驱傩，矍铄惊远客。
> 愁来岂有魔，烦汝为攘磔。
> 寒梅与冻杏，嫩萼初似麦。
> 攀条为惆怅，玉蕊何时折。
> 不忧春艳晚，行见弃夏核。
> 人生行乐耳，安用声名籍。
> 胡为独多感，不见膏自炙。
> 诗来苦相宽，子意远可射。
> 依依见其面，疑子在咫尺。
> 兄今虽小官，幸忝佐方伯。
> 北池近所凿，中有汴水碧。
> 临池饮美酒，尚可消永日。
> 但恐诗力弱，斗健未免馘。

诗成十日到，谁谓千里隔。

一月寄一篇，忧愁何足掷。

——《次韵子由除日见寄》


其中的"兄今虽小官，幸忝佐方伯"两句，即表明了其对宋选的感激之情。宋选对苏轼这位晚辈才俊在各个方面的确也是关怀备至，给予了很大的扶持与提携。对此，苏轼在给宋选公子宋子房的信中曾经感激地说："我第一次做官，就很幸运地得以辅佐您的父亲。他对我无微不至的关怀与照顾，我终生都不敢忘记。"当宋选在苏轼到凤翔的两年后被调任他处时，苏轼无限惆怅，在《题宝鸡县斯飞阁》一诗中，苏轼写道：

西南归路远萧条，倚槛魂飞不可招。

野阔牛羊同雁鹜，天长草树接云霄。

昏昏水气浮山麓，泛泛春风弄麦苗。

谁使爱官轻去国，此身无计老渔樵。


宋选的调任，甚至让苏轼产生了归隐山林的想法，虽是戏言，但足可见对苏轼的影响之大。

苏轼到任凤翔后，身为判官之职要副署公文、审问案件，公务不无繁重。但每天的重复事务也使他颇感无味，所以在生活逐渐安定下来之后，他便建立了一所庭院作为官舍，前有水池，后有亭子，另有一座上好的花园，在园中种花三十一种。闲暇时，苏轼便出外遨游。他曾畅游太白山和黑水谷一带的寺院，以及周文王的故里，到南部终南山和东部华山游览，看前人珍奇的手稿，或是一个朋友珍藏的吴道子画像。

这年，关中旱象严重，农人心急如焚。苏轼约请宋太守组织人们到太白山上求雨，并作祈雨文以祷：

维西方挺特英伟之气，结而为此山。惟山之
阴威润泽之气，又聚而为湫潭。瓶罍罐勺，可以
雨天下，而况于一方乎？乃者自冬徂春，雨雪不
至，西民之所恃以为生者，麦禾而已。今旬不
雨，即为凶岁，民食不继，盗贼且起。岂惟守土
之臣所任以为忧，亦非神之所当安坐而熟视也。
圣天子在上，凡所以怀柔之礼，莫不备至。下至
于愚夫小民，奔走畏事者，亦岂有他哉！凡皆以
为今日也。神其盍亦鉴之。上以无负圣天子之
意，下以无失愚夫小民之望。尚飨。

——《凤翔太白山祈雨祝文》

这篇祈雨文向心至诚，言辞恳切，充分体现了苏轼急民
之所急的迫切心情。所谓心诚则灵，祈雨仪式结束后，在返
回凤翔府的路上，只见天色渐暗，阴云密布，喜雨似乎马上
就下了。这时路过一座阁楼，一行人驻足休息。苏轼认为雨
神即将显灵，非常高兴，于是诗兴大发，赋诗一首：

太守亲从千骑祷，神翁远借一杯清。
云阴黯黯将嘘遍，雨意昏昏欲酝成。
已觉微风吹袂冷，不堪残日傍山明。
今年秋熟君知否，应向江南饱食粳。

——《真兴寺阁祷雨》

诗中写道，我们凤翔府的宋太守亲自带着数以千计的
人马来太白山下祷雨，这种虔诚肯定会感动雨神，雨神一
定会大发慈悲赐给黎民百姓甘霖。你看那天上阴云密布，
大雨的前兆已经出现并且正在酝酿。已经能感觉到山雨欲
来之前吹来的冷风了。你知不知道，到今年秋天庄稼成熟
的时候，说不定连鱼米之乡的江南也要靠我们供应粮食
呢。由此诗可见，苏轼喜悦的心情溢于言表。

图 8　喜雨亭

图 9　喜雨亭记碑

　　可能是苏轼的祈雨文和祷雨诗真的感动了上苍，祈雨过后时间不长，大雨果然滂沱而下，接连三天三夜不停。久旱的庄稼解了渴，灰尘蒙遍的树木屋舍也被冲刷得干干净净。凤翔的老百姓纷纷走出家门，不顾身上被淋湿而奔走相庆，欢声遍野。为纪念这件喜事，苏轼将后花园一座建了很久都没有完工，适逢喜雨天降却恰巧建成的一座亭子专门命名为"喜雨亭"，还写了一篇《喜雨亭记》，命人刻碑立在亭子里。文虽不长，只有五百余字，但无论是题材内容还是艺术表现，都是一篇值得玩味的艺术精品：

亭以雨名，志喜也。古者有喜，则以名物，示不忘也。周公得禾，以名其书；汉武得鼎，以名其年；叔孙胜敌，以名其子。其喜之大小不齐，其示不忘一也。

予至扶风之明年，始治官舍。为亭于堂之北，而凿池其南，引流种木，以为休息之所。是岁之春，雨麦于岐山之阳，其占为有年。既而弥月不雨，民方以为忧。越三月，乙卯乃雨，甲子又雨，民以为未足。丁卯大雨，三日乃止。官吏相与庆于庭，商贾相与歌于市，农夫相与忭于野，忧者以喜，病者以愈，而吾亭适成。

于是举酒于亭上，以属客而告之，曰："五日不雨可乎？"曰："五日不雨则无麦。""十日不雨可乎？"曰："十日不雨则无禾。""无麦无禾，岁且荐饥，狱讼繁兴，而盗贼滋炽。则吾与二三子，虽欲优游以乐于此亭，其可得耶？今天不遗斯民，始旱而赐之以雨。使吾与二三子得相与优游以乐于此亭者，皆雨之赐也。其又可忘耶？"

既以名亭，又从而歌之，曰："使天而雨珠，寒者不得以为襦；使天而雨玉，饥者不得以为粟。一雨三日，伊谁之力？民曰太守。太守不有，归之天子。天子曰不然，归之造物。造物不自以为功，归之太空。太空冥冥，不可得而名。吾以名吾亭。"

此文构思巧妙，行文畅达，笔调轻快灵动，虚处生情，实处说理，虚实相生，摇曳生姿，充分体现出苏轼高超的散文写作技巧，扎实的构思布局功力，成为媲美欧阳修《醉翁亭记》的传世美文。

这场喜雨，使得凤翔的旱象解除，庄稼又有了丰收的希望，凤翔又呈现出青山绿水的景象。为此，苏轼建议知府宋选奏请皇上封赏太白山神，并写下了一篇《代宋选奏乞封太白山神状》，以谢上天好生之德：

> 伏见当府郿县太白山，雄镇一方，载在祀典。案，唐天宝八年，诏封山神为神应公。迨至皇朝，始改封侯，而加以济民之号。自去岁九月不雨，徂冬及春，农民拱手，以待饥馑，粒食将绝，盗贼且兴。臣采之道途，得于父老，咸谓此山旧有湫水，试加祷请，必获响应。寻令择日斋戒，差官莅取。臣与百姓数千人，待于郊外，风色惨变，从东南来，隆隆猎猎，若有驱导。既至之日，阴威凛然，油云蔚兴，始如车盖，既日不散，遂弥四方，化为大雨。罔不周饫。破骄阳于鼎盛，起二麦于垂枯。鬼神虽幽，报答甚著。臣窃以为功效乱至大，封爵未充，使其昔公而今侯，是为自我而左降，揆以人意，殊为不安。且此山崇高，足亚五岳，若赐公爵，尚虚王称，校其有功，实未为过。伏乞朝廷更下所司，详酌可否，特赐指挥。

文章中苏轼深深地为太白山神鸣不平，因为在唐天宝八年太白山神就被封为神应公，但到宋代却被封为济民侯，按爵位的公、侯、伯、子、男等级来说，其实是降了。所以这次凤翔大旱，也许就是惹怒了太白山神所致。而其实太白山与五岳可相提并论，无论从山的气势还是从福荫百姓方面都应该给予更高的封赏，即使再赐予公爵的爵位，都不为过。奏表上递朝廷后时间不长，太白山神就被封为明应公。苏轼又书写祝文，并亲自前往太白山重修山神庙，赞颂太白山神赐降甘霖，造福地方百姓。这些举动都体现了苏轼为官一任，对子民的关怀和体恤。

嘉祐八年（1063），宋选调任他处，新任凤翔太守陈公弼是眉州青神县人氏，也就是苏轼的夫人王弗的同乡。往大了说，青神县属于眉州，所以与苏轼也是同乡，俗话说，老乡见老乡，两眼泪汪汪。但这位陈太守却是新官上任三把火，不但没有因为是老乡而对苏轼给予特殊照顾，反而是实实在在地给了苏轼一个下马威。

一次，苏轼因为公事去找陈公弼，谈完事情之后，陈公弼便不再说话，而且双目微闭，视若无人，一时间搞得苏轼很是尴尬，坐也不是，走也不是，手足无措，进退两难。对此，苏轼回去后写了一首诗以抒胸中郁闷之气：

> 谒入不得去，兀坐如枯株。
> 岂惟主忘客，今我亦忘吾。
> 同僚不解事，愠色见鬓须。
> 虽无性命忧，且复忍须史。
>
> ——《客位假寐（因谒凤翔府守陈公弼）》

诗中，苏轼将闭目自坐，对自己熟视无睹的太守陈公弼比作枯木。他的那种不屑的表情连旁边的同僚都能看出来，而替自己不平。在陈太守手下干事，虽然不至于因为彼此之间有隙而丢了性命，但这种郁闷的日子实在是让人片刻都难以忍受。

第二次的难堪是由于苏轼勤于政事而颇有官声，有些小吏称他为"苏贤良"，这个称呼逐渐传到了陈公弼的耳中，于是杖责了其中一个小吏，并且说："一个通判有什么贤良之处？"这就又使得苏轼感到颜面扫地。此外，苏轼自恃才高，对自己的文采非常自信，但陈公弼对苏轼写的公务方面的文章都要拿来修改，小则改动几处，大则几乎全篇修改，这就更引起了苏轼的不满，总想找机会一展才华给太守点颜色看看。

后来，陈公弼在太守公馆东侧建造了一座"凌虚台"，经常于公务之暇登台观望四野景物之胜。建成之日，延请苏轼写了《凌虚台记》，刻在台前的石碑上：

国于南山之下，宜若起居饮食与山接也。四方之山，莫高于终南；而都邑之丽山者，莫近于扶风。以至近求最高，其势必得。而太守之居，未尝知有山焉。虽非事之所以损益，而物理有不当然者。此凌虚之所为筑也。

方其未筑也，太守陈公杖履逍遥于其下。见山之出于林木之上者，累累如人之旅行于墙外而见其髻也。曰："是必有异。"使工凿其前为方池，以其土筑台，高出于屋之檐而止。然后人之至于其上者，恍然不知台之高，而以为山之踊跃奋迅而出也。公曰："是宜名凌虚。"以告其从事苏轼，而求文以为记。

轼复于公曰："物之废兴成毁，不可得而知也。昔者荒草野田，霜露之所蒙翳，狐虺之所窜伏。方是时，岂知有凌虚台耶？废兴成毁，相寻于无穷，则台之复为荒草野田，皆不可知也。尝试与公登台而望，其东则秦穆之祈年、橐泉也，其南则汉武之长杨、五柞，而其北则隋之仁寿、唐之九成也。计其一时之盛，宏杰诡丽，坚固而不可动者，岂特百倍于台而已哉？然而数世之后，欲求其仿佛，而破瓦颓垣，无复存者，既已化为禾黍荆棘丘墟陇亩矣，而况于此台欤！夫台犹不足恃以长久，而况于人事之得丧，忽往而忽来者欤？而或者欲以夸世而自足，则过矣。盖世

有足恃者，而不在乎台之存亡也。"既以言于公，
退而为之记。

苏轼文章写完，呈于太守。陈公弼看完，指着"而或
者欲以夸世而自足，则过矣。盖世有足恃者，而不在乎台
之存亡也"这几句对僚属说："苏子瞻这是在通过文章讽
刺我呢。"僚属不解，纷纷问何以见得。陈公弼说："这几
句很明显是在说我虽然官高位显但并不足恃，这是在表达
对我修改他的文章的不满。"直到这时，陈公弼才对僚属
说出他之所以对苏轼冷眼相待的原因。原来按辈分论，苏
轼的父亲苏洵都是陈公弼的晚辈，那么苏轼就应该就是孙
子辈了。陈公弼是担心苏轼年纪轻轻就名满天下而骄傲自
满，所以故意刁难苏轼以磨其锐气。对于这篇《凌虚台
记》，陈公弼却大加赞赏，直呼美文，吩咐手下一字不改
直接刻石。这番话传到了苏轼那里，苏轼方才恍然大悟，
不仅明白了陈公弼的良苦用心，也由衷地钦佩他的宽广气
度，从而逐渐改变了对陈公弼的看法。他们之间的关系也
慢慢缓和融洽起来。为此，在后来陈公弼在凌虚台设宴款
待宾客时，苏轼还即席作了一首《凌虚台》以表达对陈公
弼的敬意：

才高多感激，道直无往还。
不如此台上，举酒邀青山。
青山虽云远，似亦识公颜。
崩腾赴幽赏，披豁露天悭。
落日衔翠壁，暮云点烟鬟。
浩歌清兴发，放意末礼删。
是时岁云暮，微雪洒袍斑。
吏退迹如扫，宾来勇跻攀。
台前飞雁过，台上雕弓弯。
联翩向空坠，一笑惊尘寰。

从此诗可看出此时苏轼与陈公弼已经尽释前嫌，相处甚欢了。苏轼有一次去凤翔城西二十余里的灵山游赏时偶遇陈公弼的儿子陈季常以后，他们更是结下了一生的友谊。两人之前虽然素未谋面，但是彼此却知道对方。苏轼早已听过很多关于陈季常的奇异故事，而陈季常也通过父亲知道凤翔府衙有一个年轻才高的通判。一次机缘巧合的相遇，让两人不禁惺惺相惜。陈季常后来于科场连连折戟，遂无意于功名，以隐士自托，游居于黄州一带，而若干年后苏轼也因为"乌台诗案"被贬于黄州，两个好友又不期而遇并常相往来，这也给苏轼在黄州贬谪岁月中的郁闷与愁苦带来了莫大的慰藉。

苏轼在凤翔为官时所写的一些关于当地风物的诗文给凤翔留下了宝贵的文化财富。例如他描写凤翔东湖优美景色的诗句：

图 10　凤翔东湖

吾家蜀江上，江水绿如蓝。
尔来走尘土，意思殊不堪。
况当岐山下，风物尤可惭。
有山秃如赭，有水浊如泔。
不谓郡城东，数步见湖潭。
入门便清奥，怳如梦西南。
泉源从高来，随流走涵涵。
东去触重阜，尽为湖所贪。
但见苍石螭，开口吐清甘。
借汝腹中过，胡为目眈眈。
新荷弄晚凉，轻棹极幽探。
飘摇忘远近，偃息遗佩篸。
深有龟与鱼，浅有螺与蚶。
曝晴复戏雨，戢戢多于蚕。
浮沉无停饵，倏忽遽满篮。
丝缗虽强致，琐细安足戡。

闻昔周道兴，翠凤栖孤岚。

飞鸣饮此水，照影弄毵毵。

至今多梧桐，合抱如彭聃。

彩羽无复见，上有鹯搏鹌。

嗟予生虽晚，考古意所妌。

图书已漫漶，犹复访侨郯。

《卷阿》诗可继，此意久已含。

扶风古三辅，政事岂汝谙。

聊为湖上饮，一纵醉后谈。

门前远行客，劫劫无留骖。

问胡不回首，毋乃趁朝参。

予今正疏懒，官长幸见函。

不辞日游再，行恐岁满三。

暮归还倒载，钟鼓已鬖鬖。

——《东湖》

这首诗是苏轼专为凤翔东湖而作，也是关于东湖最
早最完整的史料记载。苏轼将此诗寄给弟弟苏辙，弟弟很
高兴，和诗一首，诗中说："不到东湖上，但闻东湖吟。
诗词已清绝，佳境亦可寻。"兄弟俩经常性的诗词往来也
多少驱散了为官两地离别岁月的思念之情，对于苏辙寄来
的诗，苏轼也同样和道：

人生不满百，一别费三年。

三年吾有几，弃掷理无还。

长恐别离中，摧我鬒与颜。

念昔喜著书，别来不成篇。

细思平时乐，乃谓忧所缘。

吾从天下士，莫如与子欢。

羡子久不出，读书虱生毡。

丈夫重出处，不退要当前。

西羌解仇隙，猛士忧塞堧。

庙谋虽不战，虏意久欺天。

山西良家子，锦缘貂裘鲜。

千金买战马，百宝妆刀环。

何时逐汝去，与虏试周旋。

——《和子由苦寒见寄》

　　这种思念之情不仅仅是对亲人，还表现在思念故乡。苏轼从嘉祐四年（1059）离开家乡赴京赶考，赴凤翔任职，已经四五个年头了。这几年的春节，苏轼都没有回家与亲人团聚，而是独在异乡为异客，想起家乡春节时热闹的景象，过节时的风俗，不禁深深勾起了他的思乡之情。按家乡的节俗，每到新春来临之际，亲朋好友之间要互相施礼问候，叫作馈岁；此外，还要互相串门吃酒席，以贺新春来临，叫作别岁；除夕夜还要整夜不眠，叫作守岁。于是，苏轼就以这三个节俗为题，作诗以思之：

农功各已收，岁事得相佐。

为欢恐无及，假物不论货。

山川随出产，贫富称小大。

置盘巨鲤横，发笼双兔卧。

富人事华靡，彩绣光翻座。

贫者愧不能，微挚出春磨。

官居故人少，里巷佳节过。

亦欲举乡风，独唱无人和。

——《馈岁》

故人适千里，临别尚迟迟。

人行犹可复，岁行那可追。

问岁安所之，远在天一涯。

已逐东流水，赴海归无时。

东邻酒初熟，西舍豕亦肥。

且为一日欢，慰此穷年悲。

勿嗟旧岁别，行与新岁辞。

去去勿回顾，还君老与衰。

——《别岁》

欲知垂岁尽，有似赴壑蛇。

修鳞半已没，去意谁能遮？

况欲系其尾，虽勤知奈何！

儿童强不睡，相守应欢哗。

晨鸡且勿唱，更鼓畏添挝。

坐久灯烬落，起看北斗斜。

明年岂无年，心事恐蹉跎。

努力尽今夕，少年犹可夸。

——《守岁》

当然，这组诗写成，苏轼一定是会寄给弟弟苏辙的，用浓浓的思乡之情来表达对弟弟同样的思念。

此外，还有之前从太白山祷雨返回时半路经过的真兴寺阁，苏轼也专门为其赋诗：

山川与城郭，漠漠同一形。

市人与鸦鹊，浩浩同一声。

此阁几何高，何人之所营。

侧身送落日，引手攀飞星。

当年王中令，斫木南山赪。

写真留阁下，铁面眼有棱。

身强八九尺，与阁两峥嵘。

古人虽暴恣，作事今世惊。

登者尚呀喘，作者何以胜。

曷不观此阁，其人勇且英。

——《真兴寺阁》

　　包括唐末凤翔节度使李茂贞的别业李氏园，苏轼也亲往游览并作诗怀古：

> 朝游北城东，回首见修竹。
> 下有朱门家，破墙围古屋。
> 举鞭叩其户，幽响答空谷。
> 入门所见夥，十步九移目。
> 异花兼四方，野鸟喧百族。
> 其西引溪水，活活转墙曲。
> 东注入深林，林深窗户绿。
> 水光兼竹净，时有独立鹄。
> 林中百尺松，岁久苍鳞蹙。
> 岂惟此地少，意恐关中独。
> 小桥过南浦，夹道多乔木。
> 隐如城百雉，挺若舟千斛。
> 阴阴日光淡，黯黯秋气蓄。
> 尽东为方池，野雁杂家鹜。
> 红梨惊合抱，映岛孤云馥。
> 春光水溶漾，雪阵风翻扑。
> 其北临长溪，波声卷平陆。
> 北山卧可见，苍翠间硗秃。
> 我时来周览，问此谁所筑。
> 云昔李将军，负险乘衰叔。
> 抽钱算间口，但未榷羹粥。
> 当时夺民田，失业安敢哭。
> 谁家美园囿，籍没不容赎。
> 此亭破千家，郁郁城之麓。
> 将军竟何事，蚍虱生刀蜀。
> 何尝载美酒，来此驻车谷。

空使后世人，闻名颈犹缩。

我今官正闲，屡至因休沐。

人生营居止，竟为何人卜。

何当力一身，永与清景逐。

——《李氏园》

　　嘉祐九年（1064），苏轼凤翔判官任期已满。第二年正月，举家迁返开封。

　　凤翔时期，是苏轼进入仕途之始，也是他雄姿英发、才气横溢之时，亦是他在书法艺术领域探索、开创的时期。就书法而言，清人梁巘在其《评书帖》中认为宋代书法"尚意"。所谓"意"，即书家在书法创作过程中关于书法创作与书法审美的内心感受和丰富联想，强调书家主观情感在其书法创作活动中的重要作用，是一种追求创作心态自由的心理倾向。宋代竭力鼓吹"尚意"，并建立起比较完整的理论体系者，正是苏轼。

　　应该说，苏轼早期非常推崇书法之"法"。他曾在《题二王书》中明确表白："笔成冢，墨成池，不及羲之即献之；笔秃千管，墨磨万锭，不作张芝作索靖。"当时他二十九岁，也就是刚刚从凤翔卸任之时，在《次韵子由论书》中，苏轼公然自我标榜道：

吾虽不善书，晓书莫如我。

苟能通其意，常谓不学可。

貌妍容有颦，璧美何妨椭。

端庄杂流丽，刚健含婀娜。

好之每自讥，不谓子亦颇。

书成辄弃去，谬被旁人裹。

体势本阔略，结束入细么。

子诗亦见推，语重未敢荷。

尔来又学射，力薄愁官笴。

多好竟无成，不精安用夥。

何当尽屏去，万事付懒惰。

吾闻古书法，守骏莫如跛。

世俗笔苦骄，众中强鬼駥。

钟张忽已远，此语与时左。

上述言论表明，此时的苏轼，已经从强调"笔冢""墨池"的技法功力，转变为"吾虽不善书，晓书莫如我。苟能通其意，常谓不学可"；从希冀二王、张芝、索靖般的尽善尽美，发展为"璧美何妨椭""守骏莫如跛"，其书论思想从最初的重"法"逐渐向重"意"转变。

在这一转变过程中，苏轼极力鼓吹书法创作必须创新，张扬个性。苏轼卸职凤翔判官后，应关中书家石才翁之邀，作书数幅，并同样在《论书》中对盛传一时的王羲之拔笔的故事提出质疑：

献之少时学书，逸少从其后取其笔而不可，知其长大必能名世。仆以为不然。知书不在笔牢，浩然听笔之所之而不失法度，乃为得之。然逸少所以重其不可取者，独以其小儿用意精至，猝然掩之，而意未始不在笔。不然，则是天下有力者莫不能书也。

此说来源于东晋以来即已流传的王羲之拔笔试献之的故事，与王羲之握笔有力的主张不同，苏轼以为把笔无定法，"要使虚而宽"，"书不在于笔牢，浩然听笔之所之"，特别强调执笔应服从书法创作活动的需要，他所创造的"偃卧用笔"法就是明证。事实上，苏轼与王羲之在执笔方面的分歧并非执笔之事这么简单，其实涉及心意与工具之间的主次关系问题。对此，前人早已有精辟的见解。东汉蔡邕在《笔论》中即曰："书者，散也。欲书先散怀抱，任情恣性，然后书之；若迫于事，虽中山兔毫，不能佳也。夫书，先默坐静思，随意所适，言不出口，气不盈息，沉密神采，如对至尊，则无不善矣。"王羲之《题卫夫人笔阵图后》也喻笔为"刀稍"，喻心意为"将军"，足见在书法创作活动中，心意起着发号施令的决定性作用。蔡邕、王羲之都没有直接涉及执笔的松紧问题，但如果专意于笔是否把握得牢固，必然影响到心意的畅达表现。苏轼"知书不在笔牢，浩然听笔之所之而不失法度"的观点，就将这一问题阐释得非常透彻了。

无独有偶，同样的意思，也出现在欧阳修的书论思想中。苏轼曾在《记欧公论把笔》中转述欧阳修之思想："欧阳文忠公谓予'当使指运而腕不知'，此语最妙。"欧阳修所传授的，正是执笔的虚宽要领。所谓"指运"，即指手指之运动，其以不执死笔杆为前提；所谓"腕不知"，即手腕不动。时人陈师道则谓："苏公论书，以手抵案，使腕不动为法，此其异也。"李之仪则记录了苏轼"指运而腕不知"的临池状态："握笔近下而行之迟，然未尝停辍，涣涣如流水，逡巡盈纸。或思未尽，有续至十余纸不已。"苏轼的这种临池状态，正是他在凤翔卸任后所悟出的"浩然听笔之所之而不失法度"。

黄庭坚曾以戏谑之语评价苏轼这种"浩然听笔之所之"的崇意书体，称其为"石压虾蟆"，苏轼亦颇为认同，"以为深中其病"。当然，黄庭坚之意是在嘲讽苏轼此体的造型特点，而并非针对其书作。苏轼曾作《孙莘老求墨妙亭诗》对此辩解道："杜陵评书贵瘦硬，此谕未公吾不凭。短长肥瘦各有态，玉环飞燕谁敢憎？"对于时人讥其"用笔不合古法"，苏轼颇不屑一顾，宣称"我书意造本无法，点画信手烦推求"。黄庭坚则指斥这些人"盖不知古法从何而出"，是"盖用翰林侍书之绳墨尺度，是岂知法之意哉"，他称颂"余谓东坡书学问文章之气郁郁芊芊，发于笔墨之间，此所以他人终莫能及尔"。

苏轼在那个名副其实的书香门第之中，与父亲苏洵皆"笃好书画，每有所获，真以为乐"。其书艺的酝酿过程，黄庭坚总结为"少时规摹徐会稽（浩）"，"中年喜临写颜尚书（真卿）真行"，"晚乃喜李北海（邕）书"。又说到"少日学《兰亭》"，"中岁喜学颜鲁公、杨风子书"。苏轼对此并不全以为然，辩解说"世或以谓似徐书者，非也"，其幼子苏过则谓其父"少年喜二王书，晚乃喜颜平原，故时有二家风气"，对黄说更耿耿于怀："俗手不知，妄谓学徐浩，陋矣。"

凤翔时期，正是苏轼的书法创作从二王向颜平原的过渡。对颜真卿，苏轼推崇备至，认为"书至于颜鲁公"为"古今之变，天下之能事毕矣"，而且自负地称许自己之书"似鲁公而不废前人者也"。在颜书中，他选择其中最适合自己性情的楷书《东方朔画赞》和行书《争座位帖》。苏轼的大楷如《丰乐亭记》《醉翁亭记》等，其神理正如黄庭坚所谓"多得颜鲁公《东方先生画赞》笔意"。他更欣赏《争座位帖》的"信手自然，动有姿态"，其行草书也颇得其意趣。

图11 东方朔画赞（局部）

图12 争座位帖（局部）

图13　丰乐亭记（局部）　　图14　醉翁亭记（局部）

正是从领悟"颜公变法出新意"出发，苏轼开始酝酿对书法的一场变革。当然，使他的行书得到一个质的飞跃，那已经是黄州时期了，代表作就是《杜甫桤木诗》和《黄州寒食诗帖》。但这场变革的酝酿阶段，应该说是此前包括在凤翔时期就开始了。

此后因父丧丁忧等事迁延，苏轼至神宗熙宁二年（1069）还朝任职史馆。因与王安石政见不合，自求外任。从熙宁四年（1071）至元丰年间，先后任杭州通判、密州太守、徐州太守、湖州太守等地方官。元祐年间，以司马光为代表的旧党执政，苏轼回京，先后任中书舍人、翰林学士知制诰、吏部尚书、兵部尚书、礼部尚书等京官。

苏轼奋厉有用世之志，有志于改革朝政且勇于进言。在地方官任上，苏轼革新

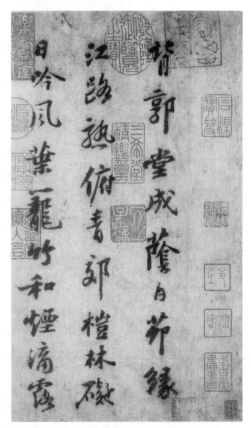

图15　杜甫桤木诗（局部）

图 16 黄州寒食诗帖

除弊，因法施民，灭蝗救灾，抗洪筑堤，颇有政绩。此时，他壮怀激越，也想大有作为。在密州太守任上，他曾填了一首《江城子·密州出猎》，颇能代表此间的心态：

> 老夫聊发少年狂，左牵黄，右擎苍。锦帽貂裘，千骑卷平冈。为报倾城随太守，亲射虎，看孙郎。
>
> 酒酣胸胆尚开张，鬓微霜，又何妨！持节云中，何日遣冯唐？会挽雕弓如满月，西北望，射天狼。

官做得有滋有味，豪情冲天。

苏轼的性格非常豪爽磊落，奔放不羁。这于读书作文是大幸，于做官从政就是大忌。知子莫如父，苏洵作为父亲，对儿子的这种个性充分了解，他称其子"进趋拜跪，仪状甚野，而独于文字中有可观"。张方平后来也称他"性资疏率"。苏轼的这种个性，从某种意义上讲，构成了他俊迈雄放的诗风，开创出豪迈刚劲、倾荡磊落如天风海涛般的豪放词风。但是，他的这种性格，加上他卓尔不群的才气，却往往在官场上给他带来了很多的麻烦。他在凤翔做官时，上司是陈公弼，苏轼"年少气盛"，"屡与公争议，至形于言色"。苏轼自己也说："余性不慎言语，与人无亲疏，辄输写腑脏，有所不尽，如茹物不下，必吐出乃已。而人或记疏以为怨咎。"苏轼在青年时代已经形成了比较成熟的政治观点和政治理想，他这种强烈的个性和人格的独立性，使得他在各种艰难的环境中，也敢于坚持自己的观点，从不随波逐流，并且刚正疾恶，遇事敢言。王安石推行新法，苏轼如果"少加附会，进用可必"，但是，他不会那么去做，而是对许多变法措施提出了批评，结果招惹了很大的麻烦。旧党司马光为相，苏轼回到朝廷。他因为曾批评新法，被目为旧党一员，与司马光交契又最深，本可以借助这个机会官运亨通。可是，他却尖锐批评司马光等人全盘否定熙宁新法，"不复校量利害，参用所长"的过火行为，引起司马光等人的强烈不满。一时间他非常孤立，不得已再次外任。这说明苏轼绝不是任人唯亲、巴结逢迎的人。他遇事一旦形成自己固定的看法和独立的主张，就敢于不顾一切，坚持到底。而见风使舵，是混迹于官场的绝技。但是，苏轼却是愤世嫉俗，坚持自己的观点和立场。

同时，苏轼在小事上则较为通达，绝不死搬教条。他在朝廷任翰林侍读学士时，程颐只是崇政殿说书，官位比侍读低。这两种职务都可以为皇帝讲书。程颐要遵循尊师重道的古礼，坚持在殿上坐着给皇帝讲书，俨然以师道自居。苏轼认为不合常情，大加讥诮。司马光死时，官员们要去吊唁，可是他们刚刚参加完一个庆典，程颐认为一天之内又歌又哭于古礼不合，故不可行。苏轼嘲笑程颐是死守"叔孙通所制礼也"，众人闻言皆大笑不已。苏程二人也由此结怨。

## 五、乌台诗案

苏轼在官场上不肯逢迎，又在王安石推行新法时持反对态度。这一切，他都抒写在诗文之中，于是，"乌台诗案"的发生，就是不可避免的了。

元丰二年（1079）四月，苏轼任湖州太守，七月二十八日，朝廷御史台（旧称乌台）便派人以作诗讽刺朝廷的罪名将他逮捕，押送汴京。当时苏轼正在办公，两个悍卒

**图17　宋神宗像**

冲进大厅，扯住他的衣袖，声言御史中丞召见，苏轼大惊失色，请求先与家属告别。妻子送至门口，泣不成声。苏轼安慰妻子，让她学学杨朴的妻子，其在丈夫被迫入京见驾时，曾作诗一首："更休落拓耽杯酒，且莫猖狂爱咏诗。如今捉将官里去，这回断送老头皮。"夫妻二人洒泪而别。苏轼被押到汴京后，于八月十八日关进大狱，二十日开始被审讯，罪证是他经常在诗文中讥讽朝政，贬斥新法。应该说，苏轼诗中确实有一些讽刺新法的词句，他自己也承认《山村五绝》中的"赢得儿童语音好，一年强半在城中"是讽刺青苗法，"岂是闻韶解忘味，尔来三月食无盐"是讽刺盐法。但是御史台抓住诗中的个别字句无限上纲上线，将句意夸大为诽谤皇帝，逼苏轼招认叛逆罪，这显然是要置他于死地，连宋神宗都觉得太过分。如苏轼《咏桧》诗中有句云："根到九泉无曲处，世间惟有蛰龙知。"有人在神宗面前挑拨道："陛下飞龙在天，苏轼以为不知己，反欲求地下蛰龙，不是想造反吗？"神宗大不以为然说："诗人之词怎么可以这样理解，他咏桧树，和我有什么关系？"苏轼生死未卜，一度相当悲观。入狱后，他将许多青金丹埋在土内，准备一旦得知自己将被处死的消息，就先行自杀。他与儿子约好，每天往狱中送饭，都要有菜有肉，如果听到自己将被判死刑，就撤掉菜和肉，改送鱼。他儿子每日都给他送去肉菜，有一天要去郊外买粮，便托亲戚代为送饭，却忘了关照，亲戚正巧送了鱼。苏轼看到鱼，以为这回完了，就写了两首绝命诗，嘱咐狱吏转送其弟苏辙。

其一云：

圣主如天万物春，小臣愚暗自亡身。

百年未满先偿债，十口无归更累人。

是处青山可埋骨，他年夜雨独伤神。

与君世世为兄弟，更结来生未了因。

其二云：

柏台霜气夜凄凄，风云琅珰月向低。

梦绕云山心似鹿，魂飞汤火命如鸡。

额中犀角真君子，身后牛衣愧老妻。

百岁神游定何处？桐乡应在浙江西。

苏轼知道狱吏不敢擅自为犯人送信，必然会将此事上报。果然，神宗皇帝读到这两首诗，心中不免有所感动。皇太后（仁宗皇后）病重时，神宗为了祖母病势的好转，打算进行一次赦免。皇太后说："不须赦天下凶恶，只要放了苏轼一个人就行了。"她还对神宗说："过去先帝举贤良，回宫时非常高兴地说，我今天又为子孙得到太平宰相两人，他说的就是苏氏兄弟。现在难道你要把苏轼杀掉吗？"皇太后边说边掉泪，神宗也在一旁陪着落泪。一些同情苏轼的人也站出来为他说话。丞相吴充以曹操猜忌心极重，但还能容忍祢衡这样的狂人，劝神宗容忍苏轼。王安石也劝神宗说"圣朝不宜诛名士"。宋神宗本来就欣赏苏轼的才华，并没有将他处死的意思，只是想借此挫挫他的锐气，便只给苏轼定了个"讥讽政事"的罪名，从轻处罚，贬为黄州团练副使。

出狱时，狱吏把藏着的绝命诗还给他，苏轼感慨万分，伏在案上，读不下去。可时日一长，又为这两首狱中好诗而得意了，忍不住作诗道："却对酒杯浑似梦，试拈诗笔已如神。"可转念一想，不由得心有余悸，骂自己道："真是文人劣根性难改。"

经过乌台诗案，苏轼开始以一种全新的人生态度来对待不幸。他把儒家固穷的坚毅精神，老庄轻视有限时空和物质环境的超然态度，以及禅宗以平常心对待一切变故的观念有机地结合起来，蔑视丑恶，消解痛苦。这种执着于人生而又超然于物外的生命范式，蕴含着坚定、沉着、乐观、旷达的精神，使他在逆境中保持着浓郁的生活情趣和旺盛的创作活力。

## 六、流放岁月

苏轼四十四岁被贬至黄州，此后宦海沉浮，在五十九岁时被贬往惠州，六十二岁时贬至儋州，到六十五岁才遇赦北归。苏轼去世前自题画像说："问汝平生功业，黄州、惠州、儋州。"就其政治事业而言，这话当然是自嘲。

哲宗元祐元年（1086），朝中旧党得势。本来曾经反对变法的苏轼应该受到重用了，但他对司马光一味废除新法、压制新党又表示不满，在一次和司马光的争论中将其称作"司马牛"。苏轼既不能容于新党，也不能见谅于旧党，只得再度请求外放杭州。绍圣元年（1094），新党重新执政，已经五十九岁的苏轼被贬至英州（今广东省英德市）。当年六月，苏轼还在赴英州的路上，又第二次遭贬，被安置到惠阳（今广东省惠州市）。同年十月，苏轼携侍妾王朝云、幼子苏过，经过半年时间的长途跋涉抵达惠州，直到绍圣四年（1097）四月才离开。他们共在惠州度过了三年时光，侍妾朝云也因病长眠于惠州。

当时的惠州，在经济和文化上都比中原落后许多，生活条件十分艰苦。但苏轼安之若素，凭着他一如既往的乐观和开朗，把困窘的生活过得有滋有味。在苏轼的心目中，清风明月，尽是宝藏。他关心民瘼，与普通老百姓息息相通，"杖履所及，鸡犬皆相识"，"人无贤愚，皆得其欢心"。寓惠期间，苏轼为惠州人民做了不少好事，如助建东新、西新二桥，倡建水碓，推广秧马，呈请改革赋税缴纳办法，为当地百姓做实事。时至今日，惠州还留有苏轼的多处遗迹，如苏轼资助修筑的苏堤和东、西新桥；葬在孤山上的王朝云墓及六如亭；苏轼曾居住过的合江楼、嘉祐寺遗址东坡故居等。苏轼曾两次到杭州做官，"东坡到处有西湖"，因此，惠州丰湖也因苏轼南贬而改名为西湖。

绍圣四年（1097），六十二岁的苏轼再被贬儋州。七月二日，苏轼渡海到达儋州州城。天下着雨，斜风细雨打在苏轼苍老、悲怆的脸上，他双眼流露着无言的孤独和寂寥："臣孤老无托，瘴疠交攻，子孙恸哭于江边，已为死别。魑魅逢迎于海外，宁许生还！"生离形同死别，看来只有在层层的灾难中憔悴、落寂。当时在儋州，苏轼"食无肉，病无药，居无室，出无友，冬无炭，夏无寒泉"，物质生活艰苦到极点。他请人修建了茅屋，将椰子壳制成"椰子冠"，后来被人称作"东坡帽"，士大夫们广为效仿。他与当地的黎族、汉族百姓打成一片，在生活上、精神上都找回了欢乐。

三年后，苏轼准备离开海南时，已经对这块土地产生了故园之情："他年谁作舆地志，海南万古真吾乡。"在留别诗中，他不无依恋地写道：

> 参横斗转欲三更，苦雨终风也解晴。
> 云散月明谁点缀，天容海色本澄清。
> 空余鲁叟乘桴意，粗识轩辕奏乐声。
> 九死南荒吾不恨，兹游奇绝冠平生。
> ——《六月二十日夜渡海》

这说明，海南以她宽若大海的情怀、暖如阳光的温情抚平了苏轼破碎的心。海南是幸运的，儋州也幸运地与黄州、惠州一起，成为苏轼人生的三大里程碑。

遗憾的是，苏轼北归后不久，就于 1101 年，也就是宋徽宗建中靖国元年的七月二十八日，与世长辞。令人欣慰的是，苏轼的诗、文、词、书法、绘画长留人间。

# 七、艰难玉成

对于苏轼来说，他的文化功业确实是在屡遭贬逐的逆境中建立的。虽说苏轼贬至黄州后因畏祸而不敢多写诗文，但黄州时期仍是他创作中的一个高峰。散文如前、后《赤壁赋》，诗如《寒食雨二首》，词如《念奴娇·赤壁怀古》等名篇都创作于此时。他被贬至惠州、儋州时，创作激情仍未衰退，而且在艺术上进入了精深华妙的新境界。贬谪生涯使苏轼更深刻地理解了社会和人生，他的创作也更深刻地表现出内心的这种理解。

## （一）古文

苏轼文、道并重，尤其推崇韩愈和欧阳修对古文的贡献，认为韩愈"文起八代之衰，道济天下之溺"，认为欧阳修"论大道似韩愈"，"记事似司马迁"，都是从文、道两方面着眼的。苏轼认为文章的艺术具有独立的价值，应像客观世界一样，文理自然，姿态横生。他的散文呈现出多姿多彩的艺术风貌，自谓："吾文如万斛泉源，不择地皆可出，在平地滔滔汩汩，虽一日千里无难。及其与山石曲折，随物赋形，而不可知也。所可知者，常行于所当行，常止于不可不止。"苏文的风格随着表现对象的不同而变化自如，像行云流水一样自然畅达，挥洒如意，思绪泉涌，气势雄放，语言却又平易自然。

苏轼擅长写议论文。他早年写的史论有较浓厚的纵横家习气，有许多独到的见解，如《留侯论》谓圯上老人是秦时的隐君子，折辱张良是为了培育其坚忍之性；《平王论》批评周平王避寇迁都之失策。苏轼在写作上善于随机生发，翻空出奇，表现出高度的论说技巧，其文成为当时士子参加科场考试的范文。元祐以后所写的一些奏议，内容上有的放矢，言辞则剀切沉着。

苏轼的杂说、书札、序跋等议论文，同样善于翻新出奇，形式更为活泼，议论更为生动，而且往往是夹叙夹议，兼带抒情。例如《日喻》论证了对事物的认识不能依赖片面的见闻，必须要经过实践才能掌握事物的规律，说理十分透辟，但它的说理是借助生动的事例，通过形象来展现的，所以不但深刻，而且生动鲜明。

又如《文与可画筼筜谷偃竹记》，一方面记述文与可画竹的情形；另一方面以充满感情的笔触回忆自己与文与可亲密无间的交往，以及文与可死后自己的悲慨，字里行间具有浓郁的抒情意味；再一方面从文与可的创作经验中总结出艺术创作应胸有成竹的规律。这篇文章是夹叙夹议的范例。

苏轼的叙事游记之文，将叙事、抒情、议论三种功能更是结合得水乳交融。《石钟山记》围绕石钟山得名的由来，根据实地考察的见闻，纠正了前人的说法，并引申出对没有"目见耳闻"的事物不能"臆断其有无"的哲理，思路清晰，论证透辟。此文的议论又是在情景交融的优美意境中逐步展开的，例如写月夜泛舟察看山形的一段，寥寥几笔即描绘出一个幽美而又阴森的境界，读之恍如身临其境。

由于苏轼作文以"辞达"为准则，所以当行即行，当止就止，很少有芜辞累句。如《记承天寺夜游》全文仅八十余字，但意境超然，韵味隽永：

元丰六年十月十二日夜，解衣欲睡，月色入户，欣然起行。念无与为乐者，遂至承天寺寻张怀民。怀民亦未寝，相与步于中庭。庭下如积水空明，水中藻、荇交横，盖竹柏影也。何夜无月？何处无竹柏？但少闲人如吾两人者耳。

苏轼的辞赋融入了古文的疏宕萧散之气，吸收了诗歌的抒情意味。《赤壁赋》沿用赋体主客问答、抑客伸主的传统格局，抒写了自己的人生哲学，同时也描写了长江月夜的幽美景色。全文骈散并用，情景兼备，幽美、澄澈的景色与轻松愉悦的心情构成开阔明朗的艺术境界，那种渺茫茫、若有若无的虚幻感觉,又直接为抒发超然物外的人生哲理做了铺垫。

## (二) 诗

苏轼曾自称"言发于心而冲于口",将自己对社会现实的看法和对人生的思考都毫不掩饰地表现在他的文学作品中,其中又以诗歌表现得最为淋漓酣畅。

苏轼始终把批判现实作为诗歌的重要主题。他在许多州郡做过地方官,了解民情,常把耳闻目见的民间疾苦写进诗中。如写北方遭受蝗旱之灾的农民:"三年东方旱,逃户连欹栋。老农释耒叹,泪入饥肠痛。"又写南方水灾侵袭下的百姓:"哀哉吴越人,久为江湖吞。官自倒帑廪,饱不及黎元。"当时赋税沉重,谷贱伤农,对外岁币的负担也都压在农民身上,他们千辛万苦收获了粮食,也难以应付官府的征敛:"官今要钱不要米,西北万里招羌儿。龚黄满朝人更苦,不如却作河伯妇!"

更可贵的是,苏轼对封建社会中由来已久的弊政、陋习进行抨击,体现出更深沉的批判意识。如晚年所作的《荔枝叹》,从唐代的进贡荔枝写到宋代的贡茶献花,对官吏的媚上取宠、宫廷的穷奢极欲予以尖锐的讥讽。

苏轼善于从人生遭遇中总结经验,从客观事物中见出规律。在他眼中,极平常的生活内容和自然景物都蕴含着深刻的道理,如《题西林壁》:

横看成岭侧成峰,远近高低各不同。
不识庐山真面目,只缘身在此山中。

再如《和子由渑池怀旧》:

人生到处知何似? 应似飞鸿踏雪泥。
泥上偶然留指爪,鸿飞那复计东西?
老僧已死成新塔,坏壁无由见旧题。
往日崎岖还记否? 路长人困蹇驴嘶。

在这些诗中，自然现象已上升为哲理，人生的感受也已转化为理性的反思。同时，诗中的哲理是通过生动、鲜明的艺术意象自然而然地表达出来的，既优美动人，又饶有趣味，是名副其实的理趣诗。深刻的人生思考使苏轼对沉浮荣辱持有冷静、旷达的态度，他更多的诗表现了对苦难的傲视和对痛苦的超越。黄州这座山环水绕的荒城，在他笔下是"长江绕郭知鱼美，好竹连山觉笋香"；多石崎岖的坡路则被写成"莫嫌荦确坡头路，自爱铿然曳杖声"；岭南荒远，古人莫不视为畏途，苏轼被贬至惠州时，却作诗说"日啖荔枝三百颗，不辞长作岭南人"，又说"他年谁作舆地志，海南万里真吾乡"。这种乐观旷达的核心是坚毅的人生信念和不向厄运屈服的斗争精神，所以苏轼在逆境中的诗作依然是笔势飞腾，辞采壮丽。

苏轼学博才高，对诗歌艺术技巧的掌握得心应手，翻新出奇，纵意所如，触手成春。诗中的比喻生动新奇，层出不穷，例如"春畦雨过罗纨腻""相排竞进头如鼋""欲知垂尽岁，有似赴壑蛇。修鳞半已没，去意谁能遮"，都脍炙人口。苏诗的用典稳妥精当、浑然天成，达到了水中着盐的妙境。例如他作诗安慰落第的李廌"平生谩说古战场，过眼终迷日五色"，就堪称用典精妙的范例。苏诗中的对仗则既精工又活泼流动，构思打破常规。例如"山忆喜欢劳远梦，地名惶恐泣孤臣""三过门间老病死，一弹指顷去来今"，对仗生新，挥洒如意，看似平淡实则奇警，看似松散实则精练。

清人赵翼评苏诗说："天生健笔一枝，爽如哀梨，快如并剪，有必达之隐，无难显之情，此所以继李、杜后为一大家也。"

## （三）词

苏轼继柳永之后，对词体进行了全面的改革，最终突破了词为"艳科"的传统格局，提高了词的文学地位，使词从音乐的附属品转变为一种独立的抒情诗体。这基于他诗词一体的词学观念和"自成一家"的创作主张。

苏轼认为，词"为诗之苗裔"，艺术本质和表现功能是一致的；还提出了词须"自是一家"的创作主张，追求壮美的风格和阔大的意境；词品应与人品相一致，作词应像写诗一样，抒发自我的真实性情和独特的人生感受。因为只有这样才能"其文如其为人"，在词的创作上自成一家。

苏轼词体改革的主要方向是扩大词的表现功能，开拓词境。他将传统的表现女性化的柔情之词，扩展为表现男性化的豪情之词，将传统上只表现爱情之词扩展为表现性情之词，以充分表现作者的性情抱负和人格个性。例如他在宋神宗熙宁七年（1074）写的《沁园春·赴密州早行马上寄子由》，既表现了他"致君尧舜"的人生理想和少年时代意气风发、豪迈自信的精神风貌，也流露出中年经历仕途挫折之后复杂的人生感慨。稍后在密州写的《江城子·密州出猎》，则表现了他希望驰骋疆场、以身许国的豪情壮志，一个充满进取精神、胸怀远大理想、富有激情和生命力的仁人志士昂首驰骋于词的世界。

与苏诗一样，苏词中也常常表现出对人生的思考。乌台诗案以后，人生命运的倏然变化使苏轼真切而深刻地体会到人生的艰难和命运的变幻。他不止一次地浩叹"人生如梦""笑劳生一梦""万事到头都是梦""世事一场大梦"。这种对人生命运的理性思考，增强了词境的哲理意蕴。

苏轼虽然深切地感到人生如梦，但力求自我超脱，始终保持着顽强乐观的信念和超然自适的人生态度：

莫听穿林打叶声，何妨吟啸且徐行。竹杖芒鞋轻胜马，谁怕？一蓑烟雨任平生。

料峭春风吹酒醒，微冷，山头斜照却相迎。回首向来萧瑟处，归去，也无风雨也无晴。

——《定风波》

# 第二章　书论

　　苏东坡的书法理论，散见于《东坡七集》的诗文之中，后人有辑《东坡题跋》，也比较集中地反映了他的书论主张。

　　与古代的大多数文人一样，苏东坡一开始阅读的也是儒家经典，"论古今治乱，不为空言"。继而读了《庄子》，喟然叹曰："吾昔有见于中，口未能言，今见《庄子》，得吾心矣。"后来又读佛家著作，"深悟实相"。于是，"参之孔、老，博辩无碍，浩然不见其涯也"。他融合三教而养成其旷达的人生态度，其书论主张也表现了这个特色。

　　与古代的大多数文人一样，苏东坡不是，也不屑于做专业书法家。他是在从政、治学、诗文创作之余，用手中的毛笔将心中所想、意中所得，随手挥写在纸上。点、横、撇、捺、竖怎么排列组合，久而久之，他形成了一些比较固定的想法，于是在诗文中随意述说。后人辑之，遂有其题跋。

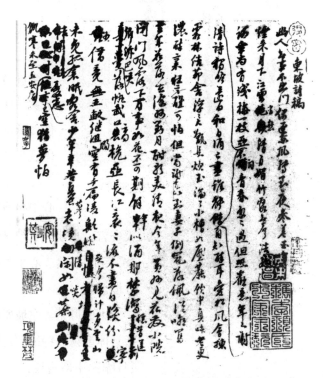

图 18　定惠院月夜偶出诗稿（书法赏析）

　　从这些题跋来看，苏东坡的书论主张，虽然也强调人格品德与书法的关系，也提倡空寂的创作心理，体现了禅宗意识，但主要体现的是老、庄崇尚自然的思想：老、庄

**图 19** 桤木卷帖（局部）（书法赏析）

要求绝对自由，摆脱拘束，东坡书论要求自然天放，无法之法；庄子推崇"物化""心斋""依乎天理"，东坡以此为理论依据而分析创作心理；老、庄解说自然之道，东坡提出艺与道合；老、庄提倡清心寡欲，东坡标举淡泊的审美理想。凡此种种，无一不是脱胎于老、庄。

## 一、本体论："技道两进"，变态无穷

天下万事，皆有技有道。技，即从某事之技艺；道，即技中所体现出来的规律。仅仅掌握技，只是匠人；技通乎道，方为大方之家。庄子所称道的庖丁解牛、轮扁斫轮、佝偻承蜩、纪渻子为王养斗鸡，都是在技中体现了道。苏东坡在《评杨氏所藏欧蔡书》中称誉蔡襄之书："天资既高，积学深至，心手相应，变态无穷，遂为本朝第一。"由天资言，自明物理，对道心中了然；由积学然，可通其技，手中了然。心手相应，自然达到"技道两进"的艺术妙境。

由此可见，东坡所谓的道，并非儒家孔孟之道，而是指具体事物的特征和规律，亦即庄子所说的自然之道。其《日喻》中即写道：

> 故世之言道者，或即其所见而名之，或莫之见而意之，皆求道之过也。然则道卒不可求软？苏子曰："道可致而不可求。"何谓致？孙武曰："善战者致人，不致于人。"子夏曰："百工居肆，以成其事，君子学，以致其道。"莫之求而自至，斯以为致也软？南方多没人，日与水居也。七岁

而能涉，十岁而能浮，十五而能没矣。夫没者岂
苟然哉？必将有得于水之道者。日与水居，则十
五而得其道；生不识水，则虽壮见舟而畏之。故
北方之勇者，问于没人而求其所以没，以其言试
之河，未有不溺者也。故凡不学而务求道，皆北
方之学没者也。

　　昔者以声律取士，士杂学而不志于道；今世
以经术取士，士知求道而不务学。渤海吴君彦
律，有志于学者也，方求举于礼部，作《日喻》
以告之。

可见所谓"得于水之道"，就是自然之道，也就是掌
握水的规律。

　　那么，如何掌握道？庄子以为，这个
道不是也无须强求就能得到的，是在自然
环境中不知不觉而自然获得的。东坡认为
学书亦然，"道可致而不可求"，断非终
日执笔而可成为书家，而是"天资既高"
之人在特定的环境之中，于不经意之间而
领悟其道。东坡曾在《跋王巩所收藏真
书》中称赞怀素的字道：

　　　信乎其书之工也，然其为人倪
荡，本不求工，所以能工。此如没人
之操舟，无意于济否，是以覆却万变
而举止自若，其近于有道者耶？

作为"草圣"，怀素之草书可谓工之
极也，却"本不求工"，正如会水之人驾
船过河，本是自然不过之事，心中根本无
所谓。这与《日喻》中所谓"道可致而

图20　楷木卷帖（局部）（书法赏析）

不可求"是同样的道理。所谓"致",就是在生活实践之中通过自然了解而熟谙其规律,尽管并不能说出个所以然。掌握为书之道亦如此,这就是怀素"本不求工"却"近于有道者"的原因。

当然,技和道是有所区别的。要能掌握技,领悟道,也须有心,在实践之中学习和理解的过程,这就是无心之心。苏东坡在《跋秦少游书》中称赞秦观的书法道:

> 少游近日草书便有东晋风味,作诗增奇丽。
> 乃知此人不可使闲,遂兼百技矣。技进而道不
> 进,则不可,少游乃技道两进也。

所谓"技道两进",即掌握书法的具体技巧,了悟书法的原理。两者缺一不可。正如东坡在《书李伯时山庄图后》中评李龙眠绘画所说:"虽然,有道有艺,有道而不艺,则物虽形于心,不形于手。"心知其意,手下却表现不出来,是因为"有道而不艺"。"求物之妙,如系风捕影,能使是物了然于心者,盖千万人而不一遇也,而况能使了然于口与手者乎?""了然于心",即领悟了道;"了然于口与手",即掌握了具体的表现技巧。只有如蔡襄那样"心手相应",才能"变态无穷",达到艺术的高境界。东坡结合自己的学书经历,曾很自豪地说:"作字之法,识浅,见狭,学不足,三者终不能尽妙。我则心目手俱得之矣!"

东坡尽管在强调创作的自由精神时,曾说过"苟能通其意,常谓不学可",但对于书法之技、之道,他认识到这绝不是一蹴而就的,只有下大功夫才能掌握,才能领悟。北宋画竹大家文与可曾教东坡画竹,东坡于是在《文与可画筼筜谷偃竹记》中深有体会地说道:

> 与可之教予如此,予不能然也,而心识其所

以然。夫既心识其所以然，而不能然者，内外不一，心手不相应，不学之过也。故凡有见于中而操之不熟者，平居自视了然，而临事忽焉丧之，岂独竹乎？

"心识其所以然"，即心中了解画竹的道理，而"不能然"，即手下缺乏表现技艺。于是，东坡强调学书必须由勤学苦练入手：

> 笔成冢，墨成池，不及羲之即献之。
> 笔秃千管，墨磨万锭，不作张芝作索靖。

这里强调的自然是苦学。东坡称赞石苍舒的字"堆墙败笔如山丘"，肯定的也是这种苦学精神。当然，苦学不单是练习技艺，也包括综合修养。这就是他在《酬柳氏二外甥求笔迹二首》中所说的：

> 退笔如山未足珍，读书万卷始通神。

## 二、创作论：寓意于物，意造无法

东坡既然认为书法之道即自然之道，书法创作是人的精神的体现，于是他强调书法创作的自由精神，要求抒写胸臆，听笔所至，以尽意适性为快，不顾忌法的存在，更不愿受古人成法所拘。

于是，东坡就书法创作主张寓意于物，意造无法，甚至以为"无意于佳乃佳"。《评草书》即谓：

> 书初无意于佳乃佳耳。草书虽是积学乃成，然要是出于欲速。古人云，匆匆不及草书，此语非是。若乃匆匆不及，乃是平时亦有意于学，此

弊之极，遂至于周越仲翼，无足怪者。吾书虽不
甚佳，然自出新意，不践古人，是一快也。

东坡以为作书不必求工，应该一任自然流露，不必墨
守成规。由此他提出了"寓意"的主张：

君子可以寓意于物，而不可留意于物。寓意
于物，虽微物足以为乐，虽尤物不足以病；留意
于物，虽微物足以为病，虽尤物不足以为乐。
《老子》曰："五色令人目盲，五音令人耳聋，五
味令人口爽，驰骋田猎令人心发狂。"然圣人未
尝废此四者，亦聊以寓意焉耳……凡物之可喜，
足以悦人而不足以移人者，莫若书与画。然至其
留意而不释，则其祸有不可胜言者。钟繇至以此

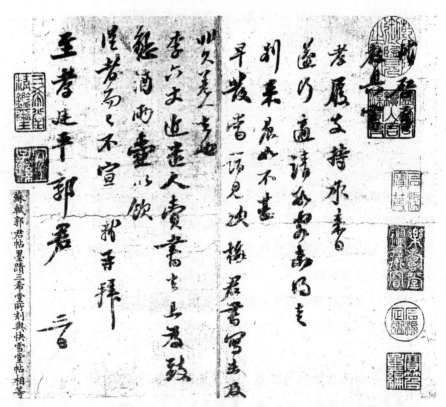

图21　廷平郭君帖（书法赏析）

呕血发冢，宋孝武、王僧虔至以此相忌，桓玄之
走舸，王涯之复壁，皆以儿戏害其国，凶其身，
此留意之祸也。

——《宝绘堂记》

所引《老子》数语，并不是否定人正常的色、音、味
等感觉，而是不要过度热衷以至于胶柱鼓瑟，否则只能给
人带来祸害。故东坡提出"寓意"说，主张对外物采取一
种不即不离的既超然又有所寄托的态度。书画亦然。适度
愉悦，可以激发人的兴趣；过于沉溺其中，则使人丧失本
性。这与欧阳修在其《试笔·学真草书》中所谓的"有以
寓其意，不知身之为劳也；有以乐其心，不知物之为累
也"的主张完全一致。

从"寓意"说出发，东坡认为书法要施诸笔墨，不离
形迹，必然要消耗人的精力，但却可以寓心忘忧。其《题
笔阵图》云："笔墨之迹托于有形，有形则有弊。苟不至
于无，而自乐于一时，聊寓其心，忘忧晚岁，则犹贤于博
弈也。虽然，不假外物而有守于内者，圣贤之高致也，惟
颜子得之。"对于一般人来说，不可能像颜渊那样的圣贤
之人"不假外物而有守于内者"，故借助于书法有益于人
的自娱与修养。其《书舟中作字》即形象地显示了书法的
这种作用：

> 将至曲江，船上滩欹侧。撑者百指，篙声石
> 声荦然，四顾皆涛濑，士无人色，而吾作字不少
> 衰，何也？吾更变亦多矣，置笔而起，终不能一
> 事，孰与且作字乎？

船行遇险，众人惊恐，东坡依然能作书不止，是因为
作书既可使心有所寄托，使手有所捉拿，也不必焦心劳
思，是最佳的排遣方式。

东坡常借他人之事和他人之口，揭示书法这种排遣苦闷、愉悦人心的作用。《石苍舒醉墨堂》诗云：

人生识字忧患始，姓名粗记可以休。

何用草书夸神速，开卷惝恍令人愁。

我尝好之每自笑，君有此病何能瘳？

自言其中有至乐，适意无异逍遥游。

近者作堂名醉墨，如饮美酒消百忧。

乃知柳子语不妄，病嗜土炭如珍羞。

君于此艺亦云至，堆墙败笔如山丘。

兴来一挥百纸尽，骏马倏忽踏九州。

我书意造本无法，点画信手烦推求。

胡为议论独见假，只字片纸皆藏收。

不减钟张君自足，下方罗赵我亦优。

不须临池更苦学，完取绢素充衾裯。

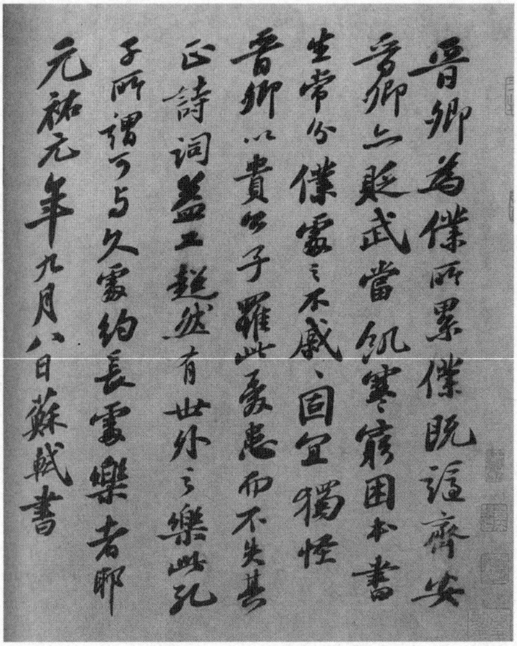

图22　王晋卿帖（书法赏析）

这里说的就是借书法以排遣忧患，以愉悦心意。

苏东坡强调随意所适的书法创作心态。他认为"把笔无定法，要使虚而宽"，不满于死守成法，主张自然天成。他称许张旭对古人成法的态度："不恨臣无二王法，恨二王无臣法。"称赞张旭草书"颓然天放，略无点画处而意态自足"。"二王法"即成法，"臣法"即自己之法。可见他并不是反对作书有法，而是主张继承古人之法，而创新出自己之法，"略无点画处而意态自足"，即于无法（古人成法）中见法（自己之法）。这从他对古今人书画作品的评论中，随处可见：

"王荆公得无法之法。"这是称许王安石书法。

"献之少时学书，逸少从后取其笔而不可，知其长大必能名世。仆以为知书不在于笔牢，浩然听笔之所至，而不失法度，乃为得之。""听笔所至"即随意所施，"不失法度"即在无法中表现出法。

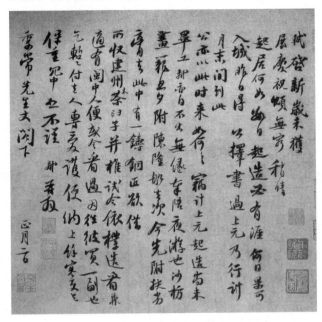

**图23　新岁展庆帖（局部）（书法赏析）**

"出新意于法度之中，寄妙理于豪放之外。"这是称许吴道子的画在无法中表现出"新意"，即自己的"法度"。

学书不可不学，更不可囿于所学而不知变。东坡《跋山谷为王晋卿小书尔雅》云："草书只要有笔，霍去病所谓不至学古兵法为过之；鲁直书草书，去病穿域蹋鞠，此正不学古兵法之过也。学即不是，不学亦不可。"

就作书言，东坡固然没有否定学，但更强调意，甚至把话说得有点绝对："苟能通其意，常谓不学可。"进而在《书若逵所书经后》中提出"忘我"之说：

怀楚比丘，示我若逵所书二经。经为几品，品为几偈，偈为几句，句为几字，字为几画，其数无量。而此字画，平等若一，无有高下、轻重、大小。云何能一？以忘我故。若不忘我，一画之中，已现二相，而况多画！如海上沙，是谁磋磨，自然匀平，无有粗细？如空中雨，是谁挥洒，自然萧散，无有疏密？咨尔楚、逢，若能一念，了是法门，于刹那顷，转八十藏，无有忘失，一句一偈。

东坡提出"忘我"说，实际上是将道家、佛家的修心理论用于书法创作论。庄子反复强调修心时的"坐忘"和"心斋"："若一志，无听之以耳，而听之以心。无听之以心，而听之以气。听止于耳，心止于符。气也者，虚而待物者也。惟道集虚。虚也者，心斋也"；"堕肢体，黜聪明，离形去知，同于大道，此谓坐忘"。庄子力图排斥世间的一切干扰，甚至停止耳目心灵的感知能力，而保持一种虚静恬淡寂寞无求的心态。禅宗也提倡淡泊清净，"无我无欲心则休息，自然清净而得解脱，是名曰'空'"；"坐禅元不著心，亦不著净，亦不言不动"。禅宗也是提倡一种无牵无挂而进入自由王国的精神状态。可见东坡正是

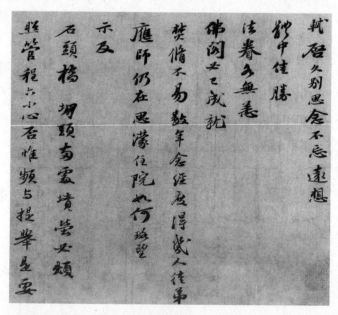

图24　治平帖（局部）（书法赏析）

本于老庄和禅宗思想，而提出了书法创作中"忘我"的理
论。他由禅而通书道的见解，还见于其《小篆〈般若心
经〉赞》中：

世人初不离世间，而欲学出世间法。

举足动念皆尘垢，而以俄顷作禅律。

禅律若可以作得，所不作处安得禅。

善哉李子小篆字，其间无篆亦无隶。

心忘其手手忘笔，笔自落纸非我使。

正使匆匆不少暇，倏忽千百初无难。

稽首般若多心经，请观何处非般若。

禅理在于妙悟而不在于"作"，书道亦然。李康年所
书虽为小篆，却"无篆亦无隶"，"心忘其手手忘笔，笔自
落纸非我使"，正是书法创作中物我两忘、心手浑一状态
的写照。东坡画论亦作如是观，其《书晁补之所藏与可画
竹》诗三首曰：

一

与可画竹时，见竹不见人。

岂独不见人，嗒然遗其身。

其身与竹化，无穷出清新。

庄周世无有，谁知此凝神！

二

若人今已无，此竹宁复有。

那将春蚓笔，画作风中柳。

君看断崖上，瘦节蛟蛇走。

保时此霜竿，复入江湖手。

三

晁子拙生事，举家闻食粥。

朝来又绝倒，谀墓得霜竹。

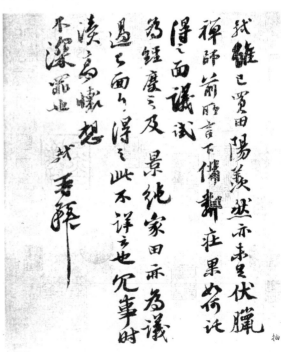

图25　阳羡帖（书法赏析）

可怜先生槃，朝日照首蓿。

吾诗固云尔，可使食无肉。

文与可画竹时身与物化，神与物交，完全进入"忘我"的境界。因为艺术创作旨在表现事物的精神面貌，仅用眼睛去观察是不够的，还须用心神去体会。庄子所谓"以神遇而不以目视"，正是如此。

道家与禅宗所提倡的这种精神状态，与艺术创作的心态确有其相通之处，因为艺术的观照和创造也是排除功利的观念，而进入一种精神绝对自由的境界。在书法创作中，唯其忘我，故字画能平等若一，没有高下、轻重、大小之分；自然萧散，没有粗细、疏密之别，就像海边之沙，空中之雨，自然匀称，绝无造作。这就是书法创作的最高境界。

## 三、风格论：发纤浓于简古，
## 寄至味于淡泊

"发纤浓于简古，寄至味于淡泊"，是东坡《书黄子思诗集后》中标举韦应物、柳宗元诗作风格的话，称颂他们在李白、杜甫的"英玮绝世"之后，能上追陶渊明超然物外、萧散简远的情趣。这与他对书法艺术风格的主张是完全一致的。周紫芝的《竹坡诗话》中，即转述了东坡的艺术主张：

作诗到平淡处，要似菲力所能。东坡尝有书其侄云：大凡为文，当使气象峥嵘，五色绚烂，渐老渐熟，乃造平淡。

东坡《书鄢陵王主簿所画折枝二首》，亦谓：

诗画本一律，天工与清新。

边鸾雀写生，赵昌花传神。

何如此两幅，疏澹含精匀。

这就说明，在不同生命阶段应该有不同的艺术风格，当其少年英锐之时，不应该故作老成，就应该"气象峥嵘，五色绚烂"，而"渐老渐熟，乃造平淡"，那是一个自然过程，并非强求可得。

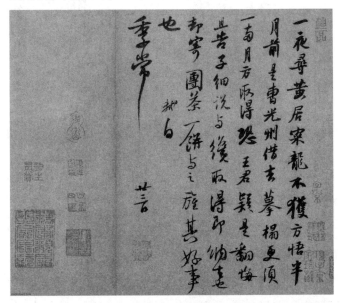

**图26　一夜帖（书法赏析）**

东坡的书法风格论，前后期也有明显不同的倾向。其《次韵子由论书》要求书风要"端庄杂流丽，刚健含婀娜"，这显然是东坡早年的主张。明代谢缙评苏书"丰腴悦泽，绵里藏针"，显然也最符合这个标准。这时，苏轼最推崇蔡襄的书风，因为蔡书取法颜真卿而出入杨凝式，清圆秀润、淳淡婉美，最符合他早期的审美标准，对时人讥蔡书"多肉""迟缓"大不以为然。其《跋蔡君谟书》云：

> 仆尝论君谟书为本朝第一，议者多以为不然。或谓君谟书为弱，此殊非知书者。若江南李主，外托劲险而中实无有，此真可谓弱者。世以李主为劲，则宜以君谟为弱也。

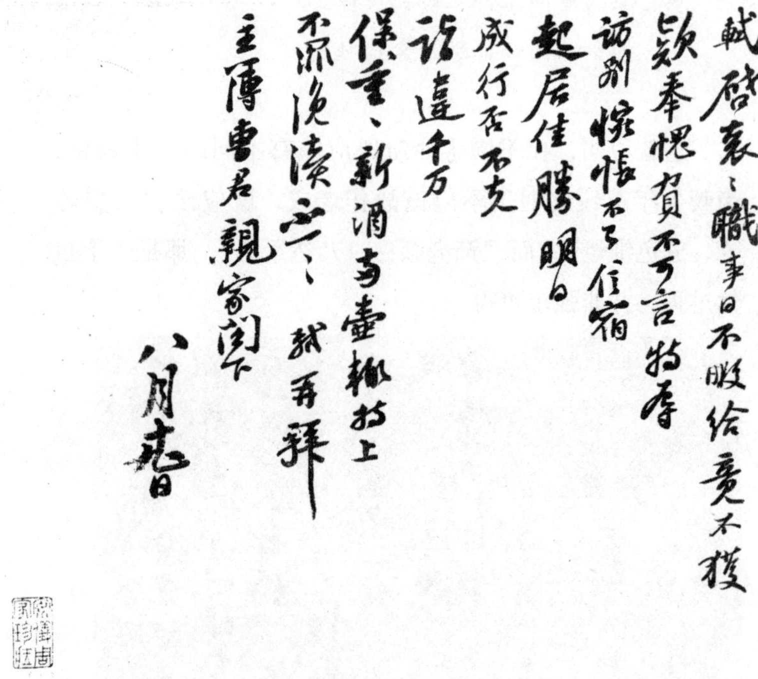

**图 27　职事帖（局部）（书法赏析）**

　　此时，东坡要求书法体度安庄，气象雍和，又不乏圆润流美。书法应该具有刚健挺拔的骨力，但这种骨力不应外露，而应融含在敦厚秀美的外形之中。他对筋骨外露的所谓瘦硬书风攻之最烈，蔑视那些以瘦硬故作矫健的书法。他曾说：

　　　　杨凝式书，颇类颜行；李建中书，虽可爱，终可鄙，虽可鄙，终不可弃；李国主本无所得，舍险瘦一字不成，宋宣献书清而复寒，正类李留台重而复寒，俱不能济所不足矣，苏子美兄弟俱太俊，非有余，乃不足也。

　　杨凝式变颜书之阔大为风神潇洒，却能得颜之神；李建中书格韵卑浊，然"肥不剩肉，如世间美女，丰肌而神气清秀"（黄庭坚语），故东坡以为此书风可爱可鄙而不弃；南唐后主李煜的书法人称"金错刀"，其书"作颤笔扭曲之状，遒劲如寒松霜竹"，属于瘦劲一路，故东坡大加诋斥；宋绶的书法也以清瘦为尚；苏舜元、舜卿兄弟的书法俊秀而内美不足，缺乏浑厚之气，故东坡对他们也不无微词。他对杜甫"书贵瘦硬方通神"的主张最不满意，在《孙莘老求墨妙亭诗》中直言：

> 兰亭茧纸入昭陵，世间遗迹犹龙腾。
>
> 颜公变法出新意，细筋入骨如秋鹰。
>
> 徐家父子亦秀绝，字外出力中藏棱。
>
> 峄山传刻典刑在，千载笔法留阳冰。
>
> 杜陵评书贵瘦硬，此论未公吾不凭。
>
> 短长肥瘦各有态，玉环飞燕谁敢憎。
>
> 吴兴太守真好古，购买断缺挥缣缯。
>
> 龟趺入座螭隐壁，空斋昼静闻登登。
>
> 奇踪散出走吴越，胜事传说夸友朋。
>
> 书来乞诗要自写，为把栗尾书溪藤。
>
> 后来视今犹视昔，过眼百年如风灯。
>
> 他年刘郎忆贺监，还道同时须服膺。

可见，他最推崇颜真卿、徐浩、杨凝式等藏筋力于圆劲浑厚之中，力求于字外见力，形成一种体貌宽裕阔大的书风。

到了人生的后期，东坡书论的审美倾向发生了明显的变化。在其少年英锐之时，他在政治上挥戈猛进，希望大有作为，因而对"颜公变法出新意"大加称赞。在书史上，张旭、怀素的贡献，也在于变法出新，气势惊人，应该说与颜真卿属于一路。但是，后来东坡屡经宦海浮沉，英气消磨，对张旭之癫、怀素之醉，就不以为然了。在《题王逸少帖》中，他后期书论的倾向性就表现出来了：

> 颠张醉素两秃翁，追逐世好称书工。

何曾梦见王与钟，妄自粉饰欺盲聋。

有如市娼抹青红，妖歌嫚舞眩儿童。

谢家夫人澹丰容，萧然自有林下风。

天门荡荡惊跳龙，出林飞鸟一扫空。

为君草书续其终，待我他日不匆匆。


　　他开始推崇的是晋人的风神淡泊，潇洒清逸，认为这种天然风韵是不可企及的。张旭、怀素的气势雄放、盘曲多变就有"妄自粉饰""妖歌嫚舞"之嫌，较之晋人显得等而下之了。应该说，他这里对张旭、怀素的评论未必公允，只是他晚年的思想倾向影响到他的书法审美标准。其《书唐氏六家书》，也明确地表现了这种倾向：

　　永禅师书，骨气深稳，体兼众妙。精能之至，反造疏澹。如观陶彭泽诗，初若散缓不收，反复不已，乃识奇趣。


　　他欣赏永禅师书法的"疏澹"，陶潜诗歌的"散缓"。
　　在书论史上，韩愈的《送高闲上人序》是一篇名文。作为儒家入世精神的代表，韩愈高度肯定张旭"喜怒、窘穷、忧悲、愉佚、怨恨、思慕、酣醉、无聊、不平，有动于心，必于草书焉发之"，使其草书具有强烈的表现性。而高闲上人缺乏张旭的激情，其书作自然难以求工，产生震撼人心的艺术力量。东坡在《送参寥师》一诗中对韩愈的观点却大不以为然：

　　退之论草书，万事未尝屏。

　　忧愁不平气，一寓笔所骋。

　　颇怪浮屠人，视身如丘井。

　　颓然寄淡泊，谁与发豪猛？

　　细思乃不然，真巧非幻影。

欲令诗语妙，无厌空且静。

静故了群动，空故纳万境。

阅世走人间，观身卧云岭。

咸酸杂众好，中有至味永。

诗法不相妨，此语当更请。

原因是，此时的东坡思想上已经退坡，已经将儒家的入世精神融入禅、道之中，崇尚道家的"虚静"和释家的"空寂"。"我心空无物，斯文何足关？君看古井水，万象自往还"，这时的他已经形如槁木，心如死水，对天地自然、世间万事，已经没有了太多的不平，所以也就对韩愈的"不平则鸣"大不以为然了。

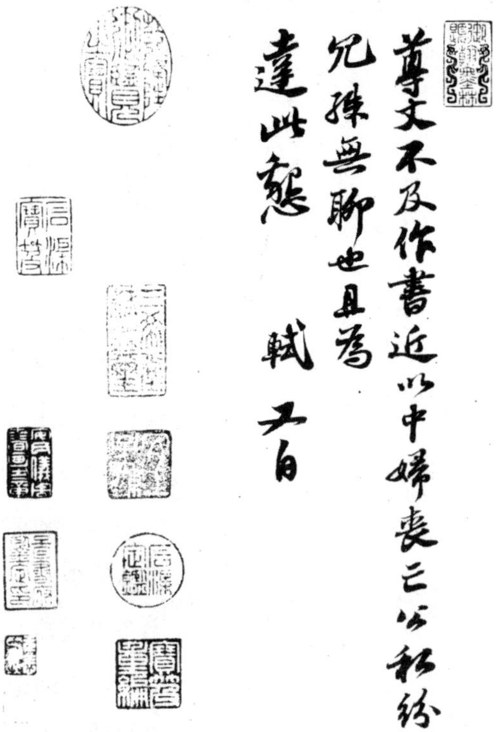

也就是在这时，东坡暗淡了刀光剑

**图28　尊丈帖（局部）（书法赏析）**

影，远去了鼓角争鸣，他与艺术更为贴近。这种心态，可能于诗文作品无益，因为其中的思想性、现实性开始衰退，已经缺乏时代精神。但书法艺术并不只是造型艺术，书家的思想感情原本就很含蓄。故而东坡虚静的心态，无为无不为的思想境界，反倒更符合艺术创作所要求的绝对的精神自由。

# 第三章　书艺

　　中国的书法，是一种最独特的艺术形式。

　　就艺术本体论来说，较之文学、音乐、绘画、雕塑、建筑，书法也植根于天地自然、社会生活，却并不要借助于不同的艺术手段，创造出艺术形象，反映作者对社会生活的认识和评价。它一进入创作阶段，即舍弃了现实中的具体形象，只是将点、横、撇、捺、竖组合成文字，将文字布局谋篇。这其间并没有什么形象成分。但就在笔画的搭配、走向中，让人产生各种美妙的联想：黑色的墨，洁白的纸，墨色的浓淡、枯湿，映现出天地之间的阴阳、虚实；笔画的搭配组合，动态表现，让人联想到"虎卧凤阙，龙跳天门"。用老子的话来说，它虽然"无形"，却有"大象"。

　　任何艺术，都借助于技以表现道。技者，即艺术手段；道者，即天地自然、人类社会的本质。书法也讲究技，唐人重法，将技发展到顶端；更讲究道，晋书尚韵，宋书重意，明书尚态，即是展现自己对天地自然、人类社会的体悟。

　　宋书，将中国书法所要展现的意发展到高峰。

　　苏轼的书法，是宋书尚意的典型代表。

## 一、宋代尚意书风

　　书法作为文化的一个分支，历来与特定时代的文化走向紧密结合。宋代书法之意，即与宋代的文化特征和时代精神息息相关。

　　一般来说，宋代在禅宗、理学等意识形态因素的影响下，确实是一个文化艺术发达的时代，前人甚至说到中国古代文化造极于两宋之世。但宋代富而不强、重文轻武也是不争的事实，内忧外患更是空前未有。这一切都使得中国古代文化开始转型，既然已影响到时代精神，自然也影响到书法中所展现的意。

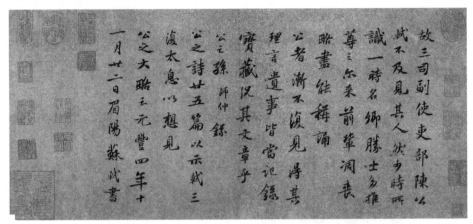

图 29　跋吏部陈公诗帖（书法赏析）

### （一）转型化的走向

诗歌就是这样，唐人已经将诗歌的题材和形式发展到空前完美的程度，宋人已经无所措手足，只好在题材上将唐诗的意境转为理趣，在形式上发展词这一诗体。宋代书法从晋人之韵和唐人之法中跳出来转型为意，是书法发展的走向使然。前代开拓了书法本体的生存空间，积累了丰厚的艺术遗产。晋书占据了高埠要津，唐楷和唐草建筑起书法艺术王国的雄关重镇。宋人不管如何才情别具，在宋代都不可能具有魏晋人潇洒风流之韵，也不可能把唐人之法琢磨得更为完美。他们只能充分利用前人留下的形式资源，以表现自己的心中之意。因而，宋书尚意就成为历史的一个必然发展风格。

### （二）士大夫化的追求

由于宋代重文，科举制度规模宏大，每科进士录取数量十倍于唐代，多达三四百人。庞大的进士阶层组成庞大的官僚队伍，文化程度高于任何时代，每人手里都拿着一支毛笔，都想借助于书法来表达自己的审美要求，塑造自己的审美对象。所以，宋代书法尚意完全是建立在文人、士大夫和官僚阶层的喜好这一基础之上的。他们已经跻身物质生活优越的仕途，不可能像晋人一样啸傲林泉；也不可能像唐人一样致君尧舜，建功立业。积弱积贫，使他们向往政治改革，但王安石的改革尽管有皇帝的支持，最终都归于失败。持续的党争造成统治集团内部的激烈斗争和残酷倾轧，使得文人士大夫阶层产生了一种矛盾心理：传统的修齐治平的理想难以实现，而产生强烈的忧患意识；又有渴望逃避现实的是非恩怨，回归田园生活的心态。然而，真正的进取是不可能的，真正的退隐也是不可能的，只能借助于艺术化的生活方式，来获得心灵上的安慰和平衡。书法艺术不像诗歌那样感情外现，不像绘画那样形象

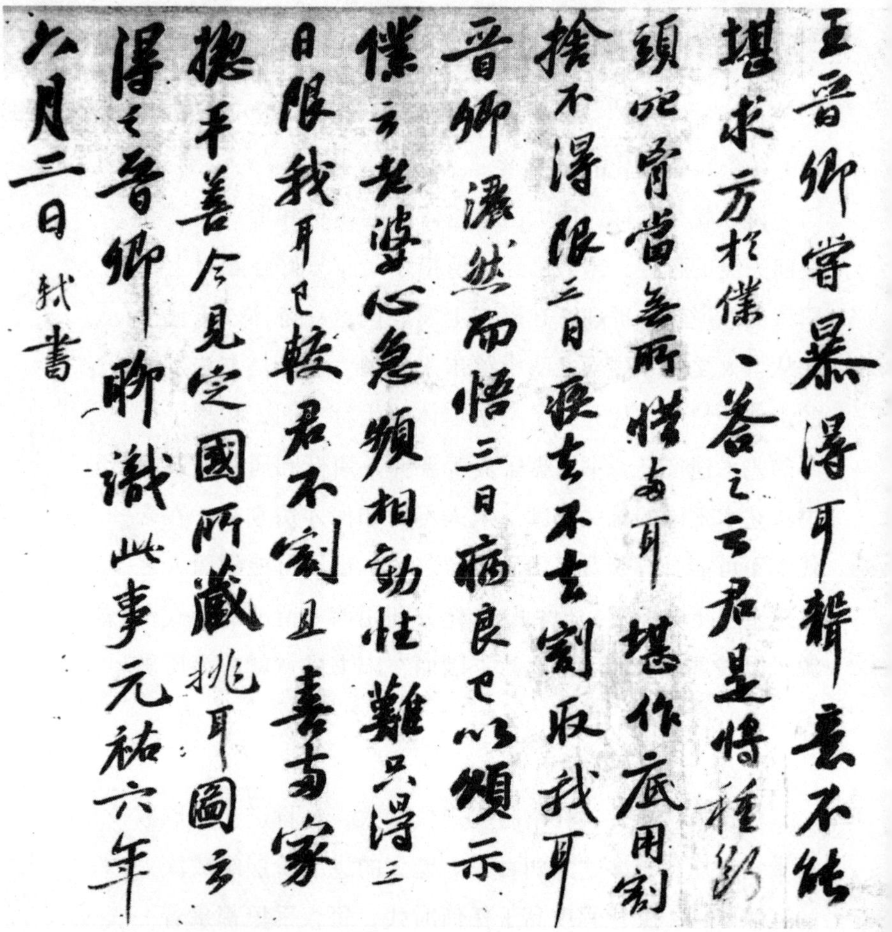
王晉卿嘗暴得耳聾意不能
堪求方於僕僕答之云君是將種斷
頭穴胸當無所惜兩耳堪作底用割
捨不得限三日疾去不去割取我耳
晉卿灑然而悟三日病良已以頌示
僕云老婆心急頻相勸性難只得三
日限我耳已較君不割且喜兩家
總平善今見定國所藏挑耳圖云
得之晉卿聊識此事元祐六年
六月三日 軾書

图 30　跋王晋卿藏挑耳图帖（书法赏析）

可感，不像音乐那样需要特殊的技巧，不像饮酒那样催发创作的激情，不像饮茶那样工序纷繁，只要一支毛笔，一池浓墨，一张白纸，即可纵情挥洒，是陶冶性灵、寄寓情感的最好方式。这种审美需求，恰恰导致了尚意书风的形成和发展。宋人书法所尚之意，不像魏晋名士那样无拘无束，也不像唐人那样纵情奔放，从而能达到真正尚意的精神状态。

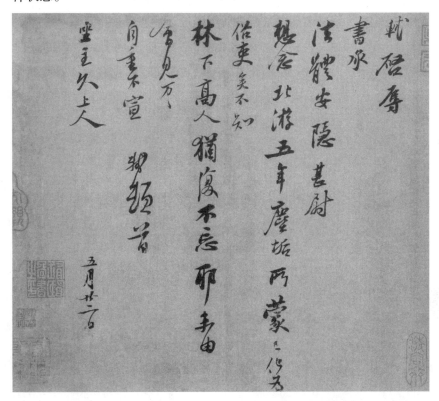

**图31　北游帖（书法赏析）**

### （三）帖学化的促进

马宗霍在《书林藻鉴》卷九说道："终宋之世，帖学大行，而书道乃凌迟矣。"宋太宗时开始购募前代帝王名臣墨迹，命侍书王著摹刻编辑《淳化阁帖》，分赐给大臣。此后的《绛帖》《潭帖》《大观帖》，都以《淳化阁帖》为底本重刻翻摹。其中二王书法占了一半以上。晋人所尚之韵，与宋人所尚之意，都属于书法之道的范畴。所以，从某种意义上说，宋代的帖学也促进了尚意书风的形成。

### （四）朝体的刺激

所谓"朝体"，即宋仁宗时倾朝学写深受皇帝重视的宋绶书法，号曰"朝体"。这种趋附权贵的书风，在宋代根深蒂固。宋真宗时，主持文教的李宗谔擅长隶书，于是天下士子都学写肥扁、朴拙的隶书投其所好，以求科第。宋神宗时王安石为相，许多人专门学写王体的"斜风疾雨之势"。宋高宗初学黄字，天下翕然学黄；后作米字，天下又翕然学米；最后作孙过庭字，而孙字又盛。这种没有独立人格的文化弥散性，反映的正是宋代文人的文化取向。战国后期楚人皆醉，刺激了屈原的独醒。宋代朝体的弥散，刺激了苏轼、黄庭坚、米芾、蔡襄别求新格，倡扬起宋代尚意的书风。

## 二、苏轼的美学追求

苏轼在人生的道路上，交织着积极进取和退隐旷达的双重心理，形成一种无法解脱而又要求解脱的对整个人生的深沉喟叹，从而在美学上追求一种朴质无华、平淡自然

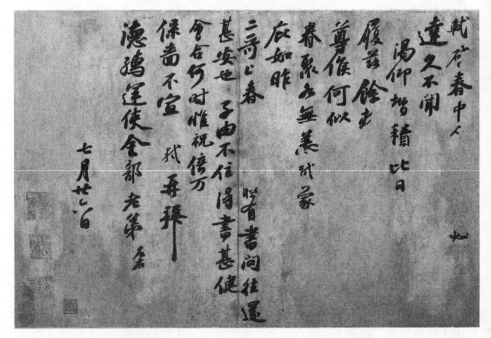

图 32　春中帖（书法赏析）

的情趣韵味，并把这一切提升到某种透彻了悟的哲理高度。这种思想基础，使他在书法形象意境中追求的只能是尚意了。

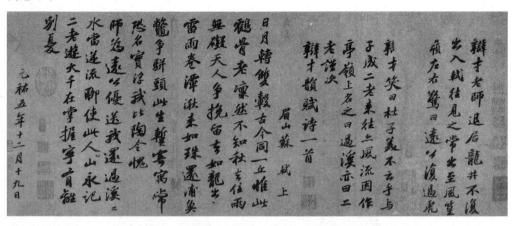

图33　次辩才韵诗帖（书法赏析）

　　苏轼书法的尚意，首先在于要求表现或体现哲理。在他的哲学思想中，道是最高的范畴。在《昆陵易传》卷八中，他曾经说过："夫道之大全也，未始有名，而《易》实开之，赋之以名；以名为不足，而取诸物以寓其意。"在他所取的诸物中，就有书法。富于朦胧美的书法，最适合于体现道的恍惚。同时，他认识到既然跻身于仕途混迹于尘世，就不可能完全摆脱尘世束缚，追求完全自由，唯一可选择的就是庄子所提示的"虚静、恬淡、寂寞、无为"，或者是"绝圣弃智，无知无欲"，即"适性"。从苏轼的书法中，看不到二王的潇洒风流，也看不到颜真卿的金刚怒目，而是泯灭了一切杂念，主体精神完全处于一种澄明自由的境地，是老、庄哲学境界的无言体现。

　　苏轼书法的尚意，是追求渊博学识的表现。他认为"作字之法，识浅，见狭，学不足，三者终不能妙"。书法尚意，传达天地自然之道，而道是无所不在的。书法只有传达大自然当中所唤起的各种审美感受，才能达到妙合的境地。前代的书家，既缺乏哲理思维，又不擅长诗文创作，更不用说绘画了。他们单纯地写字，甚至抄写别人的诗文，很难说是尚意。王羲之写《兰亭序》，颜真卿写

《祭侄稿》，之所以被推崇为"天下第一、第二行书"，就在于他们以自己的笔墨，书写自己对天地之道的体悟和对人间之情的思索。苏轼的《黄州寒食诗帖》之所以被推崇为"天下第三行书"，也在于他借瑰丽清新的书艺，书写才情郁勃的诗文，表现自己遭贬时对宇宙人生的体悟。苏轼传世墨迹的大部分精品，都是自书自撰自尚其意。

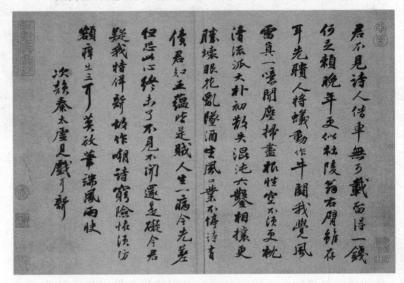

**图34　次韵秦太虚见戏耳聋诗帖（书法赏析）**

苏轼书法的尚意，在于他追求高尚的人品道德。他在《书唐氏六家书后》等文中，从书法的角度极力维护中国古代文品与人品统一的传统观念，认为"古之论书者，兼论其平生，苟非其人，虽工不贵也"，而"世之小人，书字虽工，而其神情终有睢盱侧媚之态。不知人情随想而见，如韩子所谓窃斧者乎？抑真尔也？然至使人见其书而犹憎之，则其人可知矣"，以至直言"书有工拙，而君子小人之心，不可乱也"。苏轼作为中国封建社会后期文人士大夫们最敬重的对象，完全是他用富于进取的儒家思想和处忧旷达的禅、道思想所陶冶出来的高尚的人格。人们从他的书法之意中体会出来的，就是这种思想和人格的魅力。

苏轼书法的尚意，还在于他借助书法表现自己的意趣。在动辄以二王、颜真卿为法则的书法领域，苏轼却直言宣告"我书意造本无法"，表示自己的书法"自出新意，不践古人"。实际上，他并不是不要法，而是将法摆在次要位置上，为的是充分突出自己的思想感情和生活情趣。他在《宝绘堂记》中即说："凡物之可喜，足以悦人而不足以移人者莫若书与画。"这就是说，他之为书，并不留意于物，而是寓意于物；并不游于物之外，而游于物之内，"妙在笔画之外"，借书法以寄托感情，乐心悦人。以他为代表的宋书之尚意，正是在这种宣言中获得确认，并得到充分发展的。

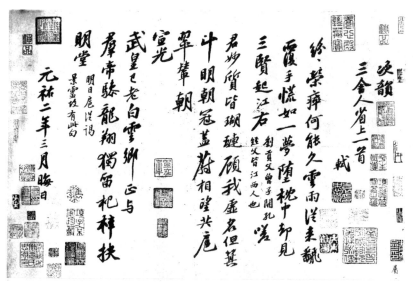

图35　次韵三舍人省上诗帖（书法赏析）

苏轼书法的尚意，集中地体现在他的行书作品中，因为行书不像篆、隶、楷书那样，必须遵守固定的法则，它在形式上无复依傍，而能直抒胸臆，自由地抒发感情。苏轼的行书达到一个质的飞跃，是在黄州。当时，他因差点"断送老头皮"，痛定思痛，参悟前因，遂"杜门深居，驰骋翰墨，其文一变"，写出了感慨江山依旧、人事易改的《赤壁赋》，写出了悲叹豪杰安在、人间如寄的《念奴娇·赤壁怀古》。其文一变，其书画何尝不变？他告知朋友王巩说，自己在黄州"兼画得寒林墨竹，已入神品，行草尤工"，"吾笔法亦少进耶"。黄庭坚也看出苏轼书法的这一变化，因此在《跋东坡思旧赋》中说苏轼"至黄州后，掣

笔极有力"。说明黄州书法是苏轼书法转变为尚意书风的分水岭。

苏轼黄州行书的代表作是《杜甫桤木诗帖》和《黄州寒食诗帖》。前者借杜诗以抒写乡愁，运笔迟滞凝重，字形瘦健，神情清癯。后者是苏轼出世和入世、尚法和尚意的撞击下迸发的电光石火。黄庭坚评述说，后者是"兼颜鲁公、杨少师、李西台笔意，试使东坡复为之，未必及此"。苏轼此后一再遭贬，心如止水，艺术创作所需要的激情已经很微弱了。

## 三、苏书探源

对苏东坡的书艺源流和书学发展过程，黄庭坚有两段经典性的评说：

东坡少时规摹徐会稽（浩），笔圆而姿媚有余。中年喜临写颜尚书（真卿）真行，造次为之，便欲穷本。晚乃喜李北海（邕）书，其毫劲多似之。

东坡道人少日学《兰亭》，故其书姿媚似徐季海，至酒酣放浪，意忘工拙，字特瘦劲似柳诚悬。中岁喜学颜鲁公、杨风子书，其合处不减李北海。至于笔圆而韵胜，挟以文章妙天下，忠义贯日月之气。本朝善书，自当推为第一。

黄庭坚是说，苏轼早年学《兰亭》，取法二王，兼学徐浩，故其书姿媚。中岁专学颜鲁公、杨凝式，出新意于法度之中。晚年喜学李邕，又转秀伟健劲。这只是对苏轼学书历程一个大致的概括，雄才如苏轼者，完全是按照自

图36　祷雨帖（局部）（书法赏析）

己的审美理想去综合诸家，出入于二王畛域而不见其辙迹，周旋于颜、李之间而笔圆韵胜，从而肉丰骨重，态浓意淡，藏巧于拙，妍美俊逸。

### （一）早年从《兰亭》入手，取法二王

对宋以后的学书者来说，二王、颜字是两座不可逾越的高峰，代表着天真自然与人工雕饰两种不同的艺术追求。苏轼取法于上，直追晋书，一开始就给自己确立了一个最高的书法标准，使他有意识地把书法的天真自然，作为终生的艺术追求。

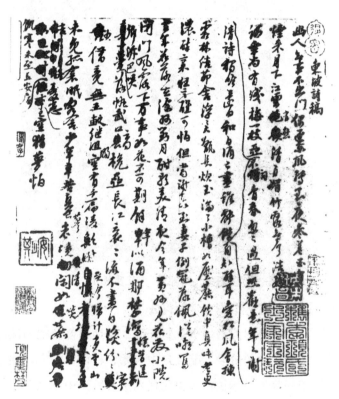

**图37 定惠院月夜偶出诗稿（书法赏析）**

当然，苏轼从《兰亭》入手，只是学习其天真自然的风格，并非亦步亦趋，死临硬摹。章惇、蔡卞"日临《兰亭》一本"，苏轼认为"从是证入，岂能超胜？盖随人脚跟转，终无自展步分也"。说明苏轼学王，不是"随人脚跟转"，而是要"自展步分"，从王书中吸取天真自然的养分，写出自己的风格。

至于黄庭坚谓苏轼"少时规摩徐会稽（浩），笔圆而姿媚有余"，苏轼自己并不赞同这一看法，因此他在《自评字》一文中直谓"世或以谓似徐书者，非也"。苏轼幼子苏过对此更不以为然，不无激愤地说："俗手不知，妄谓学徐浩，陋矣。"原因是黄庭坚对徐浩之书并不看好，认为徐书"多肉"，"多肉微骨者为墨猪"。而"墨猪"之诮，正是苏轼最为忌讳的。

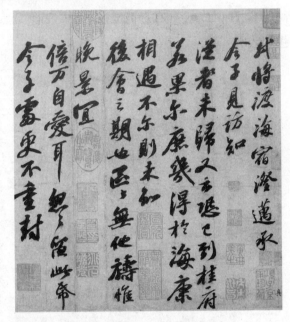

图38　渡海帖（局部）（书法赏析）

## （二）中岁专学颜鲁公

这是因为书法毕竟要有法，正是颜鲁公把书法之法发展到成熟的阶段，况且自中唐始，杜诗、韩文、颜字是定于一尊的。苏轼在《书唐代六家书后》中承认颜字的独尊地位："颜鲁公书雄秀独出，一变古法，如杜子美诗，格力天纵，奄有汉、魏、晋、宋以来风流。后之作者，殆难复措手。"他也肯定唐代楷书对行草书潜移默化的作用。再仔细观察苏轼的《丰乐亭记》《醉翁亭记》等楷书作品和《赤壁赋》等行楷书，就会发现苏轼对书法之法的着意追求，其中有一种人为的、按照一定目的而设计出来的艺术形象。那熟练的笔墨线条和章法程式，正是对唐楷经过练习，再经过反复选择和训练之后所达到的自然和随意的效果。据《潘延之评予书》记载，潘延之曾对苏辙说，苏轼书法的真迹"乃知为颜鲁公不二"，苏轼自己也承认"若予书者，乃似鲁公而不废前人者也"，即取法颜鲁公而又不坠魏晋的遗规。

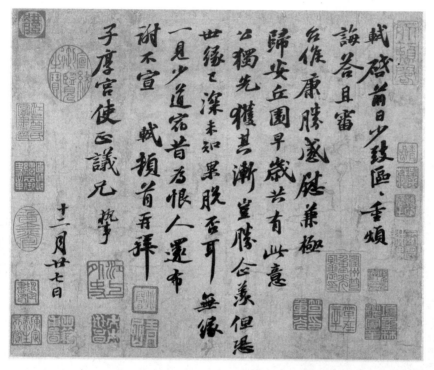

图39　归安丘园帖（书法赏析）

　　在世传颜书中，苏轼选择最适合自己性情的楷书《东方朔画赞》和行书《争座位帖》。他认为在颜楷中，《东方朔画赞》的"清雄"之风，来自王羲之：

　　　　颜鲁公平生写碑，惟《东方朔画赞》为清雄，字间栉比，而不失清远。其后见逸少书，乃知鲁公字字临此书，虽小大相悬，而气韵良是。非自得于书，未易为言此也。

　　　　　　　　　　　　　　——《题鲁公书画赞》

　　苏轼的大楷如《丰乐亭记》和《醉翁亭记》等，除字形稍扁外，其神理确与《东方朔画赞》相似。黄庭坚在《山谷题跋》中云："东坡尝自评作大字不若小字，以余观之诚然。然大字多得颜鲁公《东方先生画赞》笔意，虽时有遗笔不工处，要是无秋毫流俗。"

在颜鲁公的行书中，宋人最推崇《争座位帖》。米芾就论及"此帖在颜最为杰思，想其忠义愤发，顿挫郁屈，意不在字，天真罄露，在于此书"。苏轼也有同样的看法：

> 昨日，长安安师文出所藏颜鲁公《与定襄郡王书》草数纸，比公他书尤为奇特。信手自然，动有姿态，乃知瓦注贤于黄金，虽公犹未免也。
>
> ——《题鲁公书草》

"瓦注贤于黄金"一语，典出《庄子·达生》，意谓用瓦片作赌注无所顾忌，因而比黄金顺手。喻之于书，即表示心态放松，"无意于佳乃佳"。

苏轼学颜，也不是亦步亦趋，而是学其精神。黄庭坚曾在《跋东坡叙英皇事帖》中谓苏轼"又尝为余临一卷鲁公帖，凡二十余纸，皆得六七，殆非学所能到"，又在《跋东坡书》中说，自己"比来作字，时时仿佛鲁公笔势，然终不似子瞻暗合孙吴耳"。说明苏轼学颜，只是"取其意气所到"，而非面面俱到。

所以，苏轼的楷书与唐楷比较起来相差甚远，这并不是功力不济，而是时代风气和个人审美取向使然。

就个人的审美取向来看，苏轼只是把学习唐人的楷书、行书作为学书的一个必要阶段，借此打下书法技艺的功底，并不是将其作为最高的艺术表现手段。在钟繇、王羲之与颜真卿之间，他

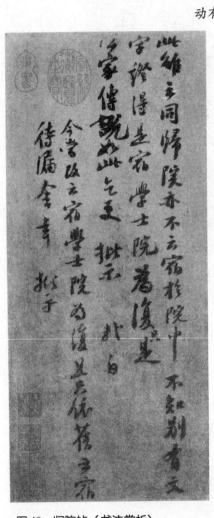

图40 归院帖（书法赏析）

始终尊崇的是前者。在《书黄子思诗集后》中，他就表现了这种意绪：

予尝论书，以谓钟、王之迹，萧散简远，妙在笔画之外。然唐颜、柳，始集古今笔法而尽发之，极书之变，天下翕然以为宗师，而钟、王之法益微。至于诗亦然。苏（武）、李（陵）之天成，曹（植）、刘（桢）之自得，陶（潜）、谢（灵运）之超然，盖亦至矣。而李太白、杜子美以英玮绝世之姿，凌跨百代，古今诗人尽废，然魏晋以来，高风绝尘，亦少衰矣。

苏轼一方面承认中唐以来奉为圭臬的杜诗、韩文、颜字所具有的审美价值；另一方面，他心中期许的还是"妙在笔画之外"的钟繇、王羲之之迹。在他看来，唐楷集天下笔法，左右基本对称，方正庄严，整齐大度，结体与点

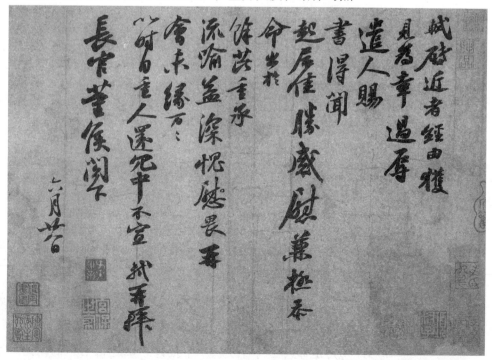

图41　获见帖（书法赏析）

画功夫确实完美无缺，但缺乏"神""气""情""意"的抒情气氛，破坏了书法的天真自然之美。晋书字形微侧，左肩倾斜，灵巧潇洒，这种萧散简远之美是自然而然形成的，而不是如"张长史草书，必俟醉，或以为奇，醒即天真不全。此乃长史未妙，犹有醉醒之辩。若逸少何尝寄于酒乎？仆亦未免此事"。张旭必须借助于酒才能消解世俗的束缚，王羲之则自然而然，率意而书。说明唐书不及晋书，并非书法家功力不济，而在于个人天真自然上的差异。《次韵子由论书》将这一道理说得更为直白：

> 吾虽不善书，晓书莫如我。
>
> 苟能通其意，常谓不学可。
>
> 貌妍容有颦，璧美何妨椭。
>
> 端庄杂流丽，刚健含婀娜。
>
> 好之每自讥，不谓子亦颇。
>
> 书成辄弃去，谬被旁人裹。
>
> 体势本阔略，结束入细么。
>
> 子诗亦见推，语重未敢荷。
>
> 尔来又学射，力薄愁官笴。
>
> 多好竟无成，不精安用夥。
>
> 何当尽屏去，万事付懒惰。
>
> 吾闻古书法，守骏莫如跛。
>
> 世俗笔苦骄，众中强蹩躠。
>
> 钟张忽已远，此语与时左。

世俗之书"守骏""苦""强"，就不能像钟繇、张芝那样创造高风淡泊的天然意境。

但是，苏轼之书毕竟不纯是二王之书的翻版。他对黄庭坚谓其书"姿媚"大不以为然，因为"姿媚"云者，乃是韩愈在《石鼓歌》中批评"羲之俗书"的词语。苏轼"少年喜二王书，晚乃喜颜平原，故时有二家风气

（苏过语），何况还兼有李北海的气象。

**（三）"晚乃喜李北海（邕）书，其毫劲多似之"，其书之"合处不减李北海"**

黄庭坚的这种概括倒符合苏书的实际。苏轼早年取法二王之韵，但他的时代并不是二王的时代，他的出身、教养、人生经历与王羲之大异其趣，不可能真的像王羲之那样天真自然。所以他中年习颜鲁公之法，也兼习鲁公的雄健之气，他想将二者融合在一起，形成自己的独特面目。晚年借鉴李北海，增加其毫劲之势。这就是苏过所说的："吾先君子岂以书自名哉！特以其至大至刚之气，发于胸中而应之以手，故不见其有刻画妩媚之态。"欧阳修第三子、苏轼亲家欧阳叔弼谓苏书"大似李北海"，苏轼承认"予亦自觉其如此"。

自二王入手以寓其韵，再喜颜鲁公以习其法，又学李

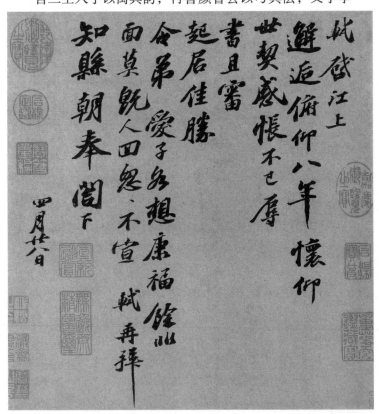

**图42 江上帖（书法赏析）**

北海以增其势，这就是苏轼书法的渊源所在。

## 四、书艺特点

苏轼文化巨人的光环，并没有遮掩他书法的光辉，反而给他的书法以其深厚的文化内涵，赢得时人和后人的赞许。

苏轼留存于后世的书法作品，主要是他中年以后所书，其代表作是：《天际乌云帖》《洞庭春色赋》《中山松醪赋》《春帖子词》《爱酒诗》《人来得书帖》《新岁展庆帖》《黄州寒食诗帖》《李白仙诗》《杜甫桤木诗》《赤壁赋》《祭黄几道文》《蜀中诗》《醉翁亭记》《丰乐亭记》等。从这些书作来看，苏轼擅长行书、楷书，并与黄庭坚、米芾、蔡襄被称为最能代表宋代书法成就的书法家，合称为"宋四家"。《黄州寒食诗帖》是苏轼存世作品中最为精彩的代表作，被后世誉为"天下第三行书"。黄庭坚称许东坡说："本朝善书者，自当推为第一。"苏轼在

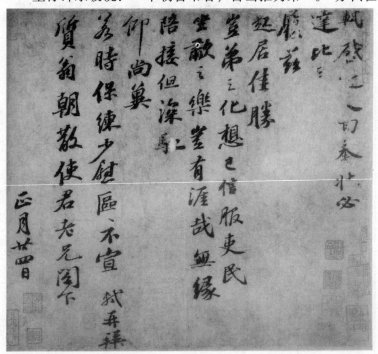

图43　近人帖（书法赏析）

《石苍舒醉墨堂》诗中自谓："我书意造本无法，点画信手烦推求。"在《评草书》中说："吾书曾不佳，然自出新意，不践古人，是一快也。"苏轼"自出新意，不践古人"，这是理解和评说其书法的一把钥匙。别人用墨适中，他反而浓稠；别人运笔骏快，他反而迟缓；别人结体精巧，他反而肥扁；别人强调中锋，他反而偃卧——创造出一种别开生面、颇具个性的书法形象。

**（一）苏书之技**

书法之法，经过唐人的书法实践和理论探讨，已趋成熟。苏轼在中年阶段对此下过大功夫。较之书法之道，书法之技是外在的，比较容易掌握，何况是像苏轼这样聪明绝顶的文艺全才。但他偏偏"自出新意，不践古人"，有时还爱唱反调。他画墨竹，从地一直起至顶，米芾问他："何不逐节分？"他回答说："竹生时，何尝逐节生？"至于书法，他早就宣称"我书意造本无法，点画信手烦推求"。

但就在这"信手"之中，苏轼的书法还是形成了自己的技法特点。

**用墨**　李之仪曾在《庄居阻雨邻人以纸求书因而信笔》之三中记载："东坡每属词，研墨几如糊。方染笔，又握笔近下而行之迟，然未尝停辍，涣涣如流水，逡巡盈纸……东坡之浓与迟，出于习熟。"苏轼书体丰腴，以胖为美，这正是用墨浓稠的效果。环肥燕瘦，喜欢者可以各取所需，却不必强分高下。黄庭坚认为苏轼书法用墨过于丰润，赵孟頫形容苏轼的书法如"黑熊当道，森然可怖"，皆不无贬义。在苏轼的书法作品中，极少出现枯笔、飞

图44　久留帖（书法赏析）

苏轼评传

白，而是字字丰润。可以说苏轼的所有作品，皆有此特点。如《次辩才韵诗帖》《致长官董侯尺牍》。

图45　满庭芳词（书法赏析）

**结体**　对苏书的结体，当时就有非议，矛头所向，最集中之处就是"肥扁"。《独醒杂志》记载了一段东坡与山谷之间的戏谑之词：

> 东坡尝与山谷论书。东坡曰："鲁直近字虽清劲，而笔势有时太瘦，几如树梢挂蛇。"山谷曰："公之字固不敢轻议，然间觉褊浅，亦甚似石压虾蟆。"二公大笑，以为深中其病。

"石压虾蟆"，就是肥扁。山谷有时要维护老师的尊严，称赞"子瞻书法娟秀"，但不免要旁敲侧击其"用墨太丰"。黄伯思就有些不客气了："凡书衡（横）难从（纵）易，方正在二者间。不悟书意者强作横书，不斜则浊，蜀中一人是已。"真名虽隐，仍能明其所指。"强作横书"，就是结体肥扁。苏书结体扁平，与欧体字形的修长相反，在其《赤壁赋》《洞庭春色赋》等作品中，都有突出体现。

**笔画** 其横轻竖重处，明显受到颜体的影响，在其作品《归去来兮辞》中有明显表现。其舒展处，与黄庭坚书法相似，即在撇捺的书写上，甚至在结字上都很舒展。其轻重错落处，即行书的字与字之间，经常会出现用笔一轻一重，使字体有一大一小错落分布的韵律感。如《武昌西山诗帖》中的"但见落日低黄埃"一句，一大一小，错落有致。有时是几个字重，几个字轻，轻重搭配，韵律感很强。如《答钱穆父诗帖》中"借君妙语写春容，自顾风琴不成弄"一句，"借君"二字重，"妙"字轻；"语写春"三字重，"容自"两字轻；"顾风"两字重，"琴不成"三字轻"，弄"字又转重。

**章法** 在同一幅作品中，用笔有轻重，字体有大小，而且字体大小悬殊之大者，苏轼书法可谓独树一帜。如《黄州寒食诗帖》中"哭涂穷"三字所占比例，比前一行中五个字所占的比例还大。这种字形大小悬殊，视觉的冲击力极强，实际上表达了当时书写过程中的一种强烈的情绪。这种现象，在《武昌西山诗帖》中也有体现。

苏轼书法在用墨、结字、笔画、章法上的这些特点，总体上给人以妩媚天真之感。黄庭坚称许"苏子瞻书法娟秀"，这种娟秀的韵味，自然率真，甚至天真朴拙，毫无狂怪做作之意。加之丰腴的用墨，扁平的结字，观之犹如视敦厚贤淑之贵妇。

于此可见，苏轼自称自己的书法臆造本无法，其实他并不是把法度扔了，说他不践古人，并不表明他不学古人。至少，他的书法就受到颜体"横轻竖重，蚕头燕尾钉头钩"特点影响，只不过对颜体并没有照单全收，而是吸取了其用笔结体的特点而已。他也曾遍学晋、唐、五代的名家，得力于王僧虔、李邕、徐浩、颜真卿、杨凝式，从而自成一家。

## （二）苏书之道

书法之道，是指书作中所体现出来的书家的思想意趣，它较之诗文中的直观表现和形象表现，显得更为含蓄深沉，使人可得而不可传，可悟而不可见。可见者，就是外在的用墨、点画、章法。三者结合在一起，便不可避免地带有书家个人的色彩，这就形成了书法的艺术风格。

苏轼的书法，固然从古人中吸取了营养，但仍然自成一体。这就是黄庭坚评价苏轼书法所说的"笔圆而韵胜"。其"韵胜"如《赤壁赋》的丰腴劲秀，《丰乐亭记》的体度庄安、气象肃穆，《祭黄几道文》的恣意错让、长短多姿，《醉翁亭记》的风神披拂、气韵生动，《洞庭春色赋》的点画丰厚、秾丽多姿等。古今评家对苏轼书风的评价很多，或谓运笔遒健，迹壮气荡，或谓傲岸不羁，淳厚自逸。实际上苏轼书法所表现的，就是他所自许的韵新意胜，丰姿天然。

或谓苏轼书风雄健不凡，纵横豪放，一如他的词作。

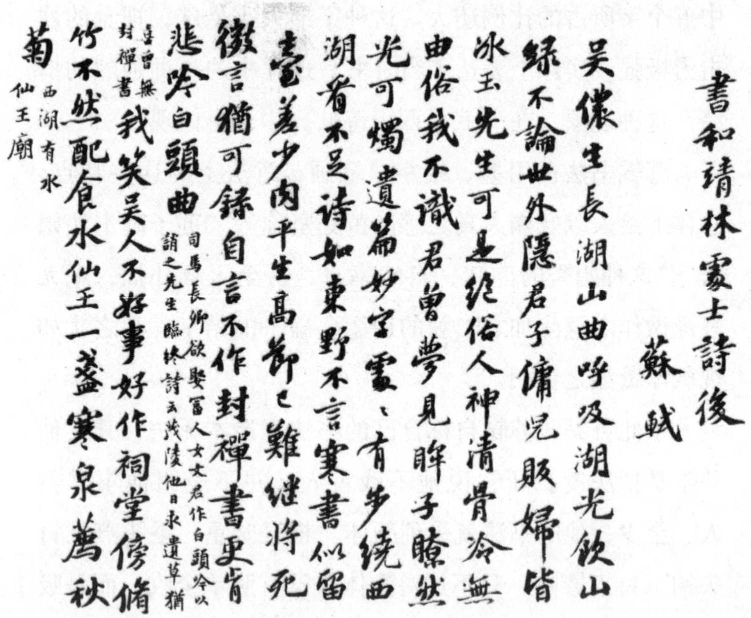

图46　书和靖林处士诗后帖（局部）（书法赏析）

实际上他的词风也很难说是豪放。就连那首被人称为须关西大汉执铜琵琶高唱的《念奴娇·赤壁怀古》，其下阕结尾"故国神游，多情应笑我，早生华发。人生如梦，一樽还酹江月"之感叹，就很难说到豪放，准确地说，应该是旷达。他的书风也是这样。苏轼虽然在屡次遭贬之后说过他的书作是"愤诽而作"，但他的忧谗畏讥并没有外化为刚毅之气，即使在压抑愤懑之中，也不过是低沉的抗争，是自我的解脱。他的审美理想，也由雅正转变为旷达。所以他的书作，不管是端庄安稳而又丰腴姿媚的楷书、明晰易辨而又活泼生气的行书，还是生机灵趣而又精神抖擞的草书，都时时表现出一副随遇而安的乐观情趣，而绝不是直抒胸臆、豪放爽朗的进取精神，即使有所冲动，也尽力克制。这种封闭、内向的性格和旷达解脱的审美情趣，使他的书法创作更多地以含蓄深沉的笔墨，表现了他的个人遭遇，表达了他独特的人生态度，从而形成旷达的书风。

苏轼的书法之所以朴拙厚重，平和中正，端庄娟秀，独树一帜，而毫不做作狂怪，与其深厚的人文修养有关。只有他真正理解了书法应当是表情达意的一个工具。他留下的作品中，以信札和即兴的诗文为主，而极少刻意去抄写前人和他人的诗文。

宋代文人士大夫书法的发展态势，一种是走向文人士大夫的心态潇洒飘逸，一种是走向官僚态势的堂皇肃穆。苏轼是趋向于走士大夫方向的"尚意"的一个代表。他虽然是一个文人，但从二十一岁开始一直是在做官，尽管仕途坎坷，但一直置身官场。所以，他的书法表现出了典型的文人士大夫的心态。作为有着深厚学养的士大夫阶层中的一员，苏轼努力从单纯使用书法中挣脱出来。为了更好地表现自己的情感，用自己全面的艺术才华更好地塑造自我的士气，苏轼标榜"书初无意于佳乃佳""我书意造本无法""点画信手烦推求""貌妍容有矉，璧美何妨椭"，崇尚的是个人的意趣。

当然，苏轼毕竟是文人与官僚的结合体。对他来说，做文人与做官僚集于一身，两者并无截然的界限。他虽然始终坚持的就是自然达意，但当官的人之间的书牍往来，碍于礼仪，书写时不便过于恣意，显得拘泥肃穆。苏轼的《颖沙弥帖》属于应酬性的回帖，写得就相对拘谨，《赤壁赋》也写得不够灵动。

同时，苏轼的书风也不是一成不变的。黄庭坚评价苏轼"早年用笔精到，不及老大渐近自然"，又云"到黄州后掣笔极有力"，在晚年他的书风又挟有海外风涛之势。这种不同的根本原因，在于他人生经历的多变所引起的思想感情的变化和审美理想的深化。

他的一生起伏跌宕，数起数落，经历着人生风浪的洗礼，他的感情或悲愤，或平和，或喜悦，这种情感随着人生波动而形成的变动，不仅通过他的诗文反映出来，也通过他的书法体现了出来。同时他通过这些经历，才把人生看得如此透彻，体现在文章上，才写得如此大气豪放，感悟良深；体现在书法上，才能如此丰腴跌宕，天真浩瀚！

# 第四章　书作

　　作为文艺全才，苏轼一生诗、词、歌、赋、散文、论文著述宏富。这些著作，无一例外都是用毛笔写出来的，也就是今人所说的书法，因此他的传世书作应该很多。但是，实际情况却不是这样。

　　原因是苏轼的诗文手稿，曾经遭到两次浩劫。一次是在"乌台诗案"发生以后，御史台派人搜查他的通信和手稿。家人认为都是写书招惹的祸事，怕被人拿去作为罪状，遂予以烧毁了。苏轼后来发现残存者不过三分之一。第二次是北宋后期新党上台，苏轼被列入"元祐党人"，他死后三年，即崇宁三年（1104），淮西宪臣霍汉英上奏："欲乞应天下苏轼所撰碑刻，并一例除毁。"遂使苏轼书写的大量碑刻被禁毁。

　　现在所能看到的苏轼书法作品，大都是他中年以后所书。其代表作有：《黄州寒食诗帖》《天际乌云帖》《洞庭春色赋》《中山松醪赋》《春帖子词》《爱酒诗》《人来得书帖》《新岁展庆帖》《李白仙诗卷》《杜甫桤木诗卷帖》《前赤壁赋》《祭黄几道文》《蜀中诗》《醉翁亭记》《丰乐亭记》等。

## 一、行书

### （一）黄州寒食诗帖

　　《黄州寒食诗帖》，墨迹，纸本，无名款和书写年月。此帖乃苏轼书其自作五言诗二首，全帖共 17 行，每行字数不一，共 207 字，纵 33.5 厘米，横 118 厘米。苏轼因"乌台诗案"而贬官为黄州团练副使，并于元丰三

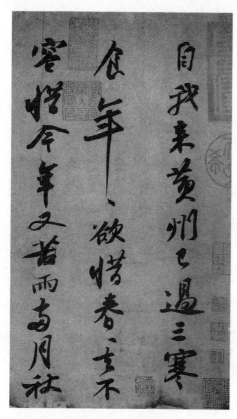

图47　黄州寒食诗帖（局部）

年（1080）二月到任，加之此诗开篇即云"自我来黄州，已过三寒食"，由此可以推知此诗应该书于元丰五年（1082）暮春。此帖真迹原藏清内府，清咸丰十年（1860）第二次鸦片战争时流出，为颜韵伯所得，后流入日本，现藏台北故宫博物院。《清河书画舫》《式古堂书画汇考》《墨缘汇观》《石渠随笔》等均有著录，并且刻入《戏鸿堂法帖》《三希堂法帖》，刊于人民美术出版社出版的《中国美术全集·书法篆刻编（4：宋金元书法）》。

宋神宗元丰二年（1079），震惊朝野的"乌台诗案"结案，苏轼在御史台的监狱里被整整关押了一百三十天后责授检校水部员外郎，充黄州团练副使，本州安置，不准擅离黄州，不得签书公事。元丰三年（1080）正月初一，在举国欢度新春佳节的喜庆气氛中，苏轼却在御史台公差的押解下，携长子苏迈离开都城汴梁赶赴黄州。在严寒的冬季行走了一个月，苏轼于二月初一踏进了黄州城的东门。天不绝人，"拣尽寒枝不肯栖"且也无处栖身的苏轼，在黄州受到了时任太守陈君式的优待，将他暂时安置在黄州城外的寺庙定惠院中，随之全家老小也来到了黄州和苏轼团聚。元丰四年（1081）初，苏轼的老朋友马正卿看到苏轼被贬后微薄的俸禄难以养活一家老小，于是特地向黄州新任太守徐君猷申请了黄州城外一处荒置的野地让苏轼躬耕，徐太守也非常同情苏轼这位名满天下的大文豪所处的窘境，遂将一座废弃已久的军营划拨给苏轼让其耕种以养家糊口。军营在黄州东门外的一处坡地，苏轼有感于他敬仰的唐代大诗人白居易在湖北忠州的一个叫"东坡"的地方栽花种草，颐养天年，悠然自得，于是也将这片坡地命名为"东坡"，并给自己起了一个别号叫"东坡居士"。这样，在中国文学史、艺术史上影响至大至深的苏东坡才正式登上了历史舞台。

　　元丰五年（1082）二月，苏轼于微薄的俸禄中挤出一些钱在躬耕地东坡建了五座茅草房以供全家居住。这片坡地，据几十年后来黄州拜谒苏轼的南宋诗人范成大在《吴船录》里的描述是这样的一番景象："郡东山垄重复，中有平地，四向皆有小冈环之。"可见，苏轼所建茅草房应该处在周山环抱中的平地上。谁知房子建好后连续下了两个多月的雨，虽然是初春时节，但天气却像萧瑟的秋天一样阴冷，即诗中所言"今年又苦雨，两月秋萧瑟"。苏轼本就积蓄无几，加之建造房屋的花费更是使他捉襟见肘，不巧又身染疾病。可以想见，处于贫病交加中的苏轼，当时的心情一定是相当沉重的。寒食，节名，乃为纪念春秋晋国人介子推所立节日，《荆楚岁时记》记载："冬至后一百五日谓之寒食，禁火三日。"苏轼眼见两月不息的春雨使得江水暴涨，要不是所处地势尚高，房屋几乎都要被淹没了，又因为是茅草所搭而成，房顶四处漏雨。空空如也的灶房无米下炊，只有锅内的一点寒菜，因为要生火，潮湿的芦苇点燃后在破灶里烧得满屋是烟。此情此景，简直窘迫到了极点。正如韩愈在《荆潭唱和诗序》中所言："夫和平之音淡薄，而愁思之声要妙；欢愉之辞难工，而穷苦之言易好也。"悲愤难平、百感交集的苏轼于是操笔蘸墨在纸上记下了这让他终生难忘、刻骨铭心的人生最窘迫的一幕。这一幕是苏轼的不幸，却是中国艺术史的大幸，苏轼挥毫抒愤之际，为后人留下了这光耀千古的"天下第三行书"——《黄州寒食诗帖》。

　　先品诗作，这是苏轼在被贬黄州三年后的寒食节所写的两首五言长律，苍凉、无奈是整篇诗作的基调。无论是感慨"年年欲惜春，春去不容惜"，或是在过着"空庖煮寒菜，破灶烧湿苇"的凄苦生活中抒发"君门深九重，坟墓在万里。也拟哭涂穷，死灰吹不起"的心绪，都充分表达了苏轼当时郁闷、孤独、惆怅、矛盾的心情，属于"遣兴诗"的范畴。再品书作，整幅作品以手卷形式呈现，这是宋人书法的惯用形制。字迹前小后大，行气错落，字形欹侧中见平正。用笔上粗壮丰满，笔锋多变，但以侧锋为主，肉丰骨劲，藏锋不露，内美外拙，具有外柔内刚的特色。结字上似欹而正，似曲而直，其中的"年""中""纸"三个字用到了悬针竖，显得凝重而不呆滞，婀娜而不轻佻，挥洒自如，张弛有度。章法上，长短搭配合宜，气势苍劲。通篇气韵生动，流畅自然，烂漫不羁，起伏跌宕，光彩照人，气势奔放，一气呵成。《黄州寒食诗帖》在书法史上影响很大，被称为"天下第三行书"，也是苏轼书法作品中的上乘。正如黄庭坚在此诗后所跋："东坡此诗似李太白，犹恐太白有未到处。此书兼颜鲁公、杨少师、李西台笔意，试使东坡复为之，未必及此。他日东坡或见此书，应笑我于无佛处称尊也。"黄山谷完全不吝的溢美之词，可以见出此作的超逸之处。可以说，这幅诗书俱佳的作品之所以能在宋人书法中鹤立鸡群，既是因为苏轼的人生体验和文艺修养达到新的高度和境界，更是"文穷而后工"的最佳例证。

帖文：

自我来黄州，已过三寒食。年年欲惜春，春去不容惜。今年又苦雨，两月秋萧瑟。卧闻海棠花，泥污燕支雪。暗中偷负去，夜半真有力，何殊病少年，病起头已白。春江欲入户，雨势来不已。小屋如渔舟，蒙蒙水云里。空庖煮寒菜，破灶烧湿苇。那知是寒食，但见乌衔纸。君门深九重，坟墓在万里。也拟哭途穷，死灰吹不起。

## （二）治平帖

《治平帖》，纸本，行书。纵 29.2 厘米，横 45.2 厘米。本卷引首有明人所画苏轼像及释东皋妙声所书《东坡先生像赞》。鉴藏印有"商丘宋荦审定真迹""吴江张荃德载图书"二方。帖后赵孟𫖯有跋："右二帖皆东坡早年真迹，与其乡僧者也。字划（画）风流韵胜，难与暮年同论。情文勤至犹可想见，故是世间墨宝。"文徵明跋曰："（二帖）故定为熙宁时书无疑，于时公年三十有四矣。公书少学徐季海，姿媚可喜。晚岁出入颜平原、李北海，故特健劲浑融，与此故出两人矣。"王穉登亦有跋云："苏文忠书法出自王僧虔，仰希江郢小郡帖，谁谓不由晋辙哉？此书之迹全类僧虔，正文待诏所云少年作也。比老始烂漫纵横。"此帖藏于北京故宫博物院。《平生壮观》《古物陈列所书画目录》著录，刊于《故宫博物院藏历代书法选集（第二卷）》、日本《中国书道全集（第五卷）》。

此帖是苏轼于北宋熙宁二年（1069）在京师时所作，是一封信札，内容主要是委托乡僧照管坟茔之事，苏轼时年三十余岁。通观全帖，字字独立，笔法精细轻松，线条圆融厚重，字体遒媚劲健，章法舒朗有致。表达了一种从容优雅、闲适纯净的心境，是典型的苏轼早年书法的风格。

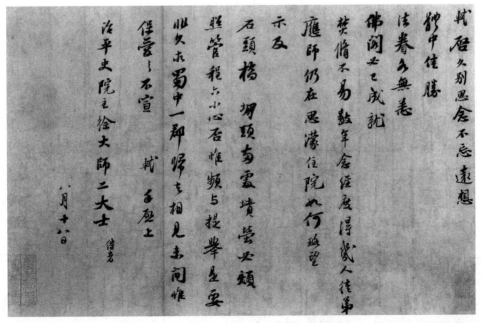

图48 治平帖

帖文：

> 轼启：久别思念不忘，远想体中佳胜，法眷各无恙。佛阁必已成就，焚修不易。数年念经，度得几人徒弟。应师仍在思蒙住院，如何？略望示及。石头桥、埘头两处坟茔，必烦照管。程六小心否，惟频与提举是要。非久求蜀中一郡归去，相见未间，惟保爱之，不宣。轼手启上。治平史院主、徐大师二大士侍者。八月十八日。

## （三）令子帖

《令子帖》，纸本，行书。纵 30.3 厘米，横 25.6 厘米，约书于绍圣元年（1094）。《墨缘汇观》《石渠宝笈续编》著录，刊于台湾《故宫历代法书全集（第十卷）》。台北故宫博物院藏。

此帖是苏轼所书的一通短札，从该信札的内容可以得知，苏轼是书于"患难流落中"。有别于《治平帖》等其他手札的章法，此帖无论是字距还是行距排列都很紧密。虽于患难流落的窘途之中书写，但依然点画布局精到，笔法丝毫不乱，笔势沉稳有致。首行"意来日"三字，虽于句意上分属两句，但仍然一笔而就，足可见作者文思泉涌，情不可遏，不容稍歇。黄庭坚哂谓苏书若"石压虾蟆"，认为是苏书之病，但同时也道出苏轼作字力道千钧的特点。苏轼惯用侧锋偃笔，虽锋侧而字正，且敢于重按，因此形成敦厚稳重的书风特点。但正如苏轼自况的"我书意造本无法，点画信手烦推求"一样，其书

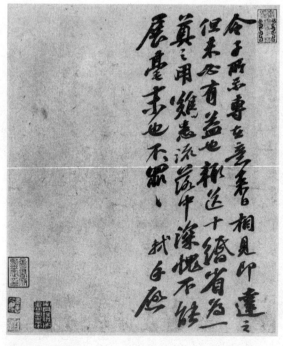

图49　令子帖

风的形成一定是在恪守严谨的法度之外的非凡才气的体现，即所谓"点画信手烦推求"，实乃自"有法"入而从"无法"出也。再观此帖，首行末尾五字逐渐向右偏侧，似乎在章法上出现了一定失误，但紧接着的中间两行又垂直而下，从而在视觉观感上瞬间拉回了右倾的行势，且中间两行的下部文字如"缯""省""为""一""深""愧""不""能"等字形又明显放大，尤其是"一"字，更是起到了托底的效果，这样的回拉完美地填补了首行偏右而形成的行距之间的空缺。全文最末的"启"字结字最为巧妙，撇画向左拉长乃至伸出行外，这种用笔上的有意为之遂与首行下部的右偏之势形成对称。同样的布置还有首字"令"的长捺和末行首字"展"的长撇，一左一右，形成鼎足之势。在这样对章法布局的精妙处理之下，通篇字势顿觉稳当如磐。观后思之，此种布局或为苏轼的有意补救，或为信笔由缰，自然而成。但不管怎样，没有高超而娴熟的笔墨技巧是绝难做到的。正如意大利评论家卡斯特沃特罗所说的那样："欣赏艺术，就是欣赏困难的克服。"这幅《令子帖》在章法布局上的处理，就很好地说明了这个观点。

帖文：

令子所示，专在意，来日相见，即达之。但未必有益也。轼送十缯，省为一莫之用，患难流落中，深愧不能展毫末也，不罪不罪，轼手启。

### （四）东武帖

《东武帖》，行书，纸本。纵 66.1 厘米，横 28.7 厘米。《墨缘汇观》《式古堂书画汇考》《石渠宝笈续编》等书皆著录，刊于台湾《故宫历代法书全集（第十卷）》。台北故宫博物院藏。

这是一则手札书法，苏轼于字形上取扁平一路，整体

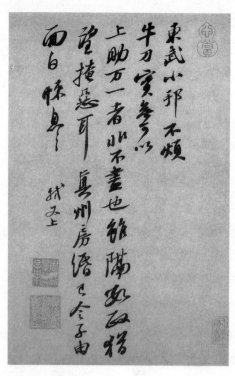

图50　东武帖

字形向左右充分拉开，以横势示人，如"数""政""面"等字，更是扁到极致，可以充分看出苏轼对这种书风的喜爱。但通篇此形似乎也略显单调，因此苏轼在"耳""邦"两字的自然竖形上又略带拉长，以中和整体视觉感受。在章法布局上，首二行各六字取半势，三四行又一贯到底，末行又短，从而造成视觉上的错落感，增强了视觉冲击力。此外，通篇字势向左欹侧，笔墨挥洒自然，轻松自如，别有一种书卷气息和超尘脱俗的笔情墨韵。苏轼对自己的文章曾有一番自评："吾文如万斛泉源，不择地而出，在平地滔滔汩汩，虽一日千里无难。及其与山石曲折，随物赋形，而不可知也。所可知者，常行于所当行，常止于不可不止，如是而已矣。"这番话语用于评价苏轼的书法依然恰当。其书写其心，对于内心纯净如孩童般的苏轼，为文为书，皆出于天真，道法自然，也就是其所谓的"吾文如万斛泉源，不择地而出"，他不刻意书之，一任自然，即"随物赋形"也。这种异趣，就是苏轼独领宋代书坛风骚的原因之一。

帖文：

东武小邦，不烦牛刀，实无可以上助万一者，非不尽也。虽隔数政，犹望掩恶耳。真州房缗，已令子由面白，悚息悚息。轼又上。

## （五）宝月帖

《宝月帖》，纸本，纵23厘米，横17.7厘米。《石渠宝笈续编》著录，刊于台湾《故宫历代法书全集（第十卷）》。台北故宫博物院藏。

此帖书于英宗治平二年（1065）编入《苏轼一门十一

帖》。共4行，42字。每字各具姿态，开篇"大人"二字尚工稳严谨，及至第三字开始便化工稳于飘逸，笔画粘连，行笔迅疾，一气呵成，一贯到底，达到了心手双畅的境界。本帖全用圆笔，回环往复，兴到笔至，变化多端。细品每个字都是中宫紧收且横向撑开，圆润而不失筋骨，立形稳当。字形变化很大，"监簿"二字是其上面的"子"字、下面的"必"字的数倍大，从而异趣横生。苏轼以才情润色，灵变无常，神采飞扬。行间气脉贯通，整幅气韵生动，真正做到了用笔、结字、章法的高度统一。笔法谨严但无拘束之感，姿态妍美且无做作之媚，一切都处在有法与无法之间。书家的学问才气发于

图51　宝月帖

笔端，与书札的萧散风格相吻合。正如深知苏轼的黄庭坚所言："余谓东坡书，学问文章之气，郁郁芊芊发于笔墨之间"，可谓破的之语。又如王履道所云："世学公书众矣。"董其昌亦云："（苏书）剑拔弩张，骧奔猊扶，则不无至于尺牍狎书姿态横溢，不矜而妍，不束而严，不秩而豪，萧散容与，霏霏如甘雨之霖，森竦掩映，熠熠如从月之星，纤徐宛转，缍缍如萦茧之丝，恐学者所未至也。"其中的"不矜而妍，不束而严，不秩而豪""如甘雨之霖""如从月之星""如萦茧之丝"，实在是言之有物地揭示了苏书的种种美感，对于《宝月帖》这幅尺牍狎书，王氏所言，丝丝入扣，鞭辟入里。

　　帖文：


　　大人令致恳，为催了《礼书》，事冗，未及上问，昨日得宝月书，书背承批问也，令子监簿必安胜，未及修染，轼顿首。

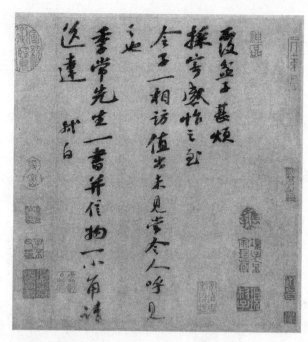

图 52　覆盆帖

**（六）《覆盆帖》**

《覆盆帖》，纸本。6 行，共 44 字，纵 44.8 厘米，横 27.7 厘米。台北故宫博物院藏。

此帖书于元丰年间，是苏轼写给友人陈季常的信札，表达了为采寄覆盆子的谢意。覆盆子是生长于中国南方的木本植物，《本草·覆盆子》释名曰："子似覆盆之形，故名之。"李时珍曰："五月子熟，其色乌赤，故俗名乌藨，大麦莓、插田藨，亦曰栽秧藨。"故每逢栽秧季节可采集，似草莓而可食，又可入药。因此苏轼托人"采寄"。徐邦达先生《古书画过眼要录》断此帖为苏轼在谪居黄州时所作。此书札乃一便条，末二行似代替笺封之言，苏轼所书另一《季常帖》，亦有近似此帖之便条，而且书体颇相近。

此帖用笔老辣流畅，结字工稳，敦厚爽利，行书笔意中颇具楷书笔法，行气贯通，书写流畅。每行字距不一且反差很大，如第三行十四字，但第四行只二字，第五行又一写到底，这种中短旁长的章法布白第一时间就吸引住观者的眼球，久久不肯他视，从而给人以极强的视觉冲击力。

帖文：

> 覆盆子甚烦采寄，感怍之至，令子一相访，值出未见，当令人呼见之也。季常先生一书，并信物一小角，请送达。轼白。

**（七）啜茶帖**

《啜茶帖》，纸本。纵 23 厘米，横 17.7 厘米。《墨缘汇观》《石渠宝笈续编》等皆有著录，刊于台湾《故宫历代法书全集（第十卷）》。现藏台北故宫博物院。

此帖书于元丰三年（1080），曾编入《苏氏一门十一帖》。共4行，32字。帖子内容是通讯问，谈啜茶，说起居，显示出一种闲适悠暇的意味。这种闲适表现在用笔上即是落笔漫不经心，即如苏轼落款时说的"恕草草"；又如在结字上"孟"字下面的五个字几乎一笔而成。这种心境与书写内容的高度统一，使得苏轼书札颇有晋人尺牍的风姿。晋人书法的这种风姿，欧阳修更是赞叹不已："余尝览魏晋以来笔墨遗迹而想前人之高致也，所谓法帖者，其事率皆吊哀候病，叙暌离，通讯问，施于家人朋友之间，不过数行而已。盖其初非用意，而逸笔馀兴，淋漓挥洒，或妍或丑，百态横生，披卷发函，烂然在目。使人骤见惊绝，徐而视之，其意态愈无穷尽，故使后世得之以为奇观而想见其人也！"晋人尺牍之所以风神超迈，就是因为"书初无意于佳乃佳尔"，也是秉承了蔡邕的"书者，散也。欲书先散怀抱，任情恣性，然后书之。若迫于事，虽中山兔毫不能佳也"的观点。而苏轼此帖就是在说吃茶闲聊的余事闲事，当然不"迫于事"，故而观之妙趣天成。而整体布白也自然错落，疏朗大方，丰秀雅逸。可见，苏轼本人对晋人书法的"韵"也是心追手摹的，由"韵"及"意"，从而开创了宋人尚"意"的时代风潮。

帖文：

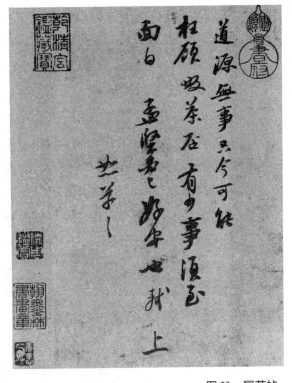

图53 啜茶帖

　　道源无事，只今可能枉顾啜茶否，有少事须
　　至面白，孟坚必已好安也。轼上，恕草草。

苏轼评传

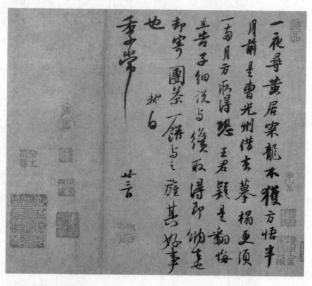

图 54　致季常尺牍

## （八）致季常尺牍

《致季常尺牍》又名《一夜帖》，纸本。纵 30.3 厘米，横 48.6 厘米。刊于《中国书法》1986 年第四期。台北故宫博物院藏。

此帖是苏轼谪居在黄州（今湖北黄冈）时写给朋友陈季常的信札。陈季常是苏轼在凤翔府任通判时的老长官陈希亮的公子，在凤翔时两人便相识相熟，经常在一起谈论诗文，纵酒游乐。后来因为苏轼回调京师，陈季常的父亲也外调他地，因此便少了往来。陈季常喜谈佛法，晚年隐居在黄州、光州（今河南潢州）之间，恰巧苏轼当时也谪居黄州。老友在异地相逢，可谓他乡遇故知，因此便时有往来。在这封信札中，苏轼说他找了一晚上都没有找到黄居寀（北宋初年著名宫廷画家）画的龙，纳闷之际方才想起原来半个月前此画被曹光州借去摹拓了，需要一两个月才能归还。但王君又要得紧迫，因此托陈季常向王君转达，一旦曹光州还画以后，他便马上还给王君。

这幅作品质朴敦厚，用笔凝重精到，笔画丰腴多肉，遒劲端丽，且结字偏斜。前半段的情感平和，因此字字独立，一笔不苟。写至后来情感逐渐趋于起伏，至后几行出现笔画的粘连，"季常"二字顺势而下，一泻千里，"常"字的悬针竖更是潇洒流利，飘逸自如，如倚天之剑，从云霄直刺苍茫大地。"纳去也"三字一笔书就，连贯纵横，情不可遏。"旌其好事也"句为信之结尾，用笔也奔放跌宕，扶摇翻卷，顾盼流连，摇曳生姿。通观全帖，字形大小、笔画粗细、字体形态都随着情感的变化而变化，颇具趣味。在信中的几个语气着重和转折处如"获""恐"

"季""常"等字，苏轼于字形上做了特别的处理，这些字要明显大于其他字，可见苏轼是非常注重内容和形式的统一和谐的。他一生宦海浮沉，谪居黄州期间，正是他艺术创作的顶峰时期，这幅作品即是他在这段时间所作的行书精品之一，真可谓遒劲茂丽，肥不露肉，神采动人。因此清吴其贞在其《书画记》中给予了此帖高度评价："书法流洒，神采动人。但此帖临摹最多，惟此肥不露肉，人莫能及。"

帖文：

　　一夜寻黄居寀龙不获。方悟半月前是曹光州借去摹拓。更须一两月方取得。恐王君疑是翻悔。且告子细说与。才取得，即纳去也。却寄团茶一饼与之。旌其好事也。轼白。季常。廿三日。

### （九）新岁展庆帖

《新岁展庆帖》，纸本。纵 30.2 厘米，横 48.8 厘米，与《人来得书帖》合装为一卷。前帖卷后有董其昌跋。鉴藏印有"御府书印""御府宝绘""项元汴诸印""安岐诸印"等。《墨缘汇观》《大观录》等书均有著录，刊于日本《中国书道全集（第五卷）》。北京故宫博物院藏。

《新岁展庆帖》书于元丰四年（1081），是苏轼写给陈季常的书札，内容是相约陈季常与李公择同于上元节时在黄州相会之事。《东坡集》卷五〇《岐亭五首序》中记载了苏轼于北宋元丰三年（1080）贬谪黄州时与陈季常相见之事。并有"明年复往见之……凡余在黄四年，三往见季常，而季常七来见余……"的记载。在《东坡集》中共记载有苏轼写给陈季常的十六封书札，"俱在黄州时作"。《新岁展庆帖》中所写时间（上元）与《岐亭五首序》中所记"明年复往见之"的时间与事由一致，而宋傅藻《东坡记年表》中记载，东坡于"元丰四年辛酉在黄州，正月二十日往岐亭"。由以上记载可推知，该《新岁展庆帖》应作于北宋元丰四年（1081）春季，苏轼时年四十四岁。该帖在徐邦达先生的《古书画过眼要录》中有详细的考证。

苏轼在谪居黄州时与陈季常书信往来频繁，在与他人之信中亦常提及陈季常，可知二人友谊之深厚。

《新岁展庆帖》的用笔自然流畅，劲媚秀逸，笔笔交代分明，用意精心，一改时人所谓苏书"墨猪"的印象。在此帖中，苏轼充分表现了其用笔的多变性和深厚的笔墨功力。无论是入笔、运笔还是收笔，都笔笔到位，变化多端。笔触方圆兼备，顿挫分明，转折灵动，非常精致。虽为友人之间正常往来的普通书札，但在下笔之际却将字与字之间的牵连交代分明，力道十足，利用点和线的造型将字的结构很端稳地表现出来，可谓是苏轼书法由早年步入中年的佳作。因此，明董其昌在此帖卷后跋赞曰："东坡真迹，余所见无虑数十卷，皆宋人双钩廓填。坡书本浓，既经填墨，盖不免墨猪之论。惟此二帖则杜老所谓'须臾九重真龙出，一洗万古凡马空'也。"清吴升《大观录》也誉之为："体肥骨劲，笔墨至精。"

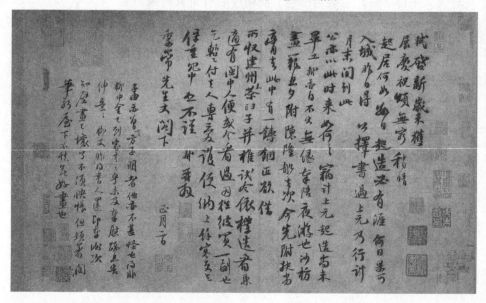

图55　新岁展庆帖

帖文：

　　轼启：新岁未获展庆，祝颂无穷，稍晴起居
何如？数日起造必有涯，何日果可入城？昨日得
公择书，过上元乃行，计月末间到此，公亦以此
时来，如何？窃计上元起造，尚未毕工。轼亦自
不出，无缘奉陪夜游也。沙枋画笼，旦夕附陈隆
船去次，今先附扶劣膏去。此中有一铸铜匠，欲
借所收建州木，茶臼子并椎，试令依样造看兼适
有闽中人便。或令看过，因往彼买一副也。乞暂
付去人，专爱护便纳上。余寒更乞保重，冗中恕
不谨，轼再拜。季常先生文阁下。正月二日。

## （十）人来得书帖

　　《人来得书帖》，纸本。纵 29.5 厘米，横 45.1 厘米。
正文行书 16 行，共 192 字。款署"轼再拜"，但未署发信
年月。帖上钤有"吴土谔""御府宝绘""仪周赏"等印。
此帖曾经被明项元汴、清安岐等收藏，后入清内府。安岐
将此帖与《新岁展庆帖》合裱成一帖。刊于日本《中国书
道全集（第五卷）》。现藏于北京故宫博物院。

　　《人来得书帖》书于元丰三年（1080），是在陈季常之
兄陈伯诚死后苏轼写给陈季常的慰问信，故有"伏惟深照
死生聚散之常理，悟忧哀之无益，释然自勉"之句。

　　此帖由于内容是劝慰好友节哀顺变，出于内容与表现
形式的统一性，在用笔上多凝重之笔，笔画粗细变化不
大，且无荒率之笔，一丝不苟，谨慎写出，但也丝毫没有迟
拙之嫌，通篇观之非常流畅自如。且在笔法上可以明显看出
二王的笔意，例如"哀"字，似极王羲之《频有哀祸帖》
中的"哀"字；又如"痛"字，也与《丧乱帖》中的
"痛"字神形俱似，由此可见苏轼在字之结构上取法二王，
同时在字之笔力上得力鲁公，可谓博采众长、推陈出新。

帖文：

　　轼启：人来得书。不意伯诚遽至于此，哀愕
不已。宏才令德，百未一报，而止于是耶。季常
笃于兄弟，而于伯诚尤相知照。想闻之无复生
意，若不上念门户付嘱之重，下思三子皆不成
立，任情所至，不自知返，则朋友之忧盖未可
量。伏惟深照死生聚散之常理，悟忧哀之无益，
释然自勉，以就远业。轼蒙交照之厚，故吐不讳
之言，必深察也。本欲便往面慰，又恐悲哀中反
更挠乱，进退不惶，惟万万宽怀，毋忽鄙言也。
不一一。轼再拜。

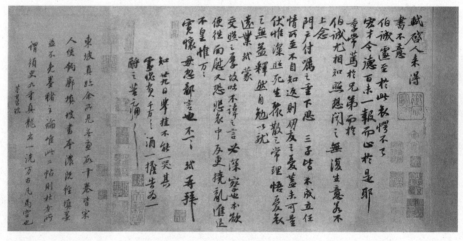

**图 56　人来得书帖**

### （十一）廷平郭君帖

　　《廷平郭君帖》，纸本。纵 26.4 厘米，横 30.3 厘米。
11 行，共 81 字。《石渠宝笈续编》著录，刊于台湾《故
宫历代法书全集（第十一卷）》。现藏台北故宫博物院。

　　此帖书于神宗熙宁四年（1071），又名《致至孝廷平
郭君尺牍》。"廷平郭君"为何人，无详细及确定考证，疑
为郭祥正。《宋史·郭祥正本传》云："郭祥正字功父，太
平州当涂人，母梦李白而生。少有诗声，梅尧臣方擅名一

时，见而叹曰：'天才如此，真太白后身也！'举进士，熙宁中，知武冈县，签书保信军节度判官。时王安石用事，祥正奏乞天下大计专听安石处画，有异议者，虽大臣亦当屏黜。神宗览而异之，一日问安石曰：'卿识郭祥正乎？其才似可用。'出其章以示安石，安石耻为小臣所荐，因极口陈其无行。时祥正从章惇察访辟，闻之，遂以殿中丞致仕。"元丰七年（1084），苏轼

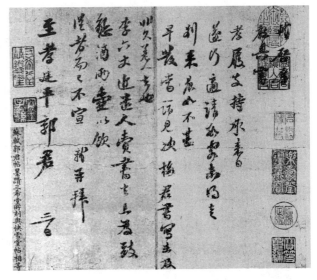

图57　廷平郭君帖

从黄州赴汝州任时，路过安徽当涂，曾作有《郭祥正家，醉画竹石壁上，郭作诗为谢，且遗古铜剑》诗。其时，郭祥正致仕而居于当涂家中。此札云："承来日遂行，适请数客，未得走别。来晨如不甚早发，当诣见次……"这是述说送行之事，因此完全有可能是苏轼送致仕的郭祥正离京回老家当涂，但没来得及饯别，准备第二天早上赶去送别。

此帖用笔挥洒自如，不计工拙，行书中有草意，牵丝连带，顾盼生姿，娴熟老辣，遒丽劲挺，绵里藏针，柔中带刚，精细讲究，起伏跌宕，纵逸烂漫，气韵生动，示人以极强的艺术感染力和视觉冲击力，是苏轼早年书法风格的典型代表。

帖文：

　　轼启：辱教，具审孝履支持，承来日遂行，适请数客，未得走别，来晨如不甚早发，当诣见次，梅君书写未及，非久差人去也，李六丈近遣人赍书去，且为致恳，酒两壶，以饮从者而已。不宣。轼再拜至孝廷平郭君。三日。

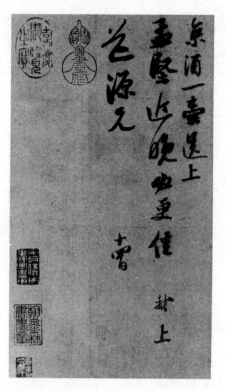

**图 58 京酒帖**

**图 59 屏事帖**

### （十二）京酒帖

《京酒帖》，行书，书于元丰三年（1080）。3 行，共 21 字。钤有"嘉庆御览之宝""翰墨林书画章"等印。

此帖寥寥数字，写得纵横开张，力道十足，气势庞大，神意完具。从笔意中完全可见二王神韵，如"送"字的横捺以及"近""晚"的粘连。字体的大小也变化多端，开篇字体尚小，但愈写愈大，至"晚"字又逐渐变小，至"轼""上"二字则最小，"道源兄"三字又突然放大，在出于礼数的原因之外，不能不说这种刻意的变化显示出苏轼娴熟的笔墨功力和章法布白的驾驭能力，可谓神品。

帖文：

京酒一壶送上，孟坚近晚，必更佳。轼上道源兄。十四日。

### （十三）屏事帖

《屏事帖》，纸本，纵 25.1 厘米，横 23.1 厘米。《墨缘汇观》《石渠宝笈续编》著录，刊于台湾《故宫历代法书全集（第十卷）》。现藏台北故宫博物院。

此帖 3 行，共 23 字。书于元丰八年（1085）。从字体来看，此帖几近楷书，除"居""恐"二字笔画稍有粘连之外，其他字皆一笔一画，严谨不苟。黄庭坚评价东坡之书"中年喜临写颜尚书，真行造次为之""风气皆略相似"，可谓中肯。从此帖来看，那种藏巧于拙、英挺壮伟、气象雍容、淳厚端庄的颜字精髓跃然纸上，颜书的庙堂之气东坡可谓深得之。故赵秉文有云："东坡先生人中麟凤也，其书似颜鲁公。而飞扬韵胜，出新意于法度之中，寄妙理于豪放之外，窃以为书仙。"

帖文：

> 宣猷丈丈，计已屏事斋居，未敢上状，至常
> 乃附区区，轼惶恐。

### （十四）前赤壁赋

《前赤壁赋》，纸本，纵 23.9 厘米，横
258 厘米。曾经宋贾似道，明文徵明、项元
汴、梁清标等收藏过，后入清内府。《石渠
宝笈续编》著录，刊于台湾《故宫历代法书
全集（第二卷）》。现藏台北故宫博物院。

北宋元丰五年（1082）七月十六日夜，
苏轼与友人乘舟游览黄州城外之赤鼻矶，于
游船之上遥想慨叹八百多年前的三国时期孙
刘联军大破曹军的赤壁之战，遂作《赤壁
赋》以记之。虽是游记，但同时也表达了对
宇宙及人生的看法。同年十月，苏轼故地重
游，又写了一篇《后赤壁赋》，两赋前后呼
应，佳句频出，成为中国文学史上的杰作。
明董其昌跋云："东坡先生此赋楚骚之一变，
此书《兰亭》之一变也。宋人文字俱以此为

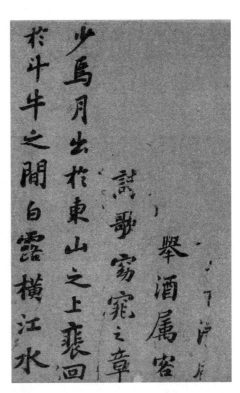

图 60　前赤壁赋（局部）

极则。"其《画禅室随笔》又云："坡公书多偃笔，亦是
一病。此《赤壁赋》庶几所谓欲透纸背者，乃全用正锋，
是坡公之《兰亭》也。每波画尽处，隐隐有聚墨痕，如黍
米珠，恨非石刻所能传耳。嗟乎，世人且不知有笔法，况
墨法乎。"可见，董其昌将苏轼此卷视为堪比《兰亭序》
之作。将《兰亭序》与《前赤壁赋》从文风相较来看，
确实是有相像之处，那就是在心境和对于人生的体悟方
面，都是因于物起但又不滞于物，而是表现出超然物外，
翰逸神飞的人生况味。再从书法角度来看，此卷结字矮扁

而紧密，笔墨丰润沉厚，用笔锋正力劲，欲透纸背。在宽厚丰腴的字形中，笔力凝聚收敛在筋骨中，所谓绵中裹铁，柔里含刚。这种力度又往往从锋芒和转折处突显出来，特别耐人寻味。再细看，苏轼选用行楷表现出一种静穆而深远的气息，从而将旷达的胸襟、高洁的灵魂与王羲之隔空呼应。王羲之将他风神萧散、仰观俯察的襟怀在《兰亭序》中表现出来，而苏轼情驰神纵、超逸优游的心神也在此赋中显现。

除过董其昌之外，明文徵明也有跋云："右东坡先生亲书《赤壁赋》，前缺三行。谨按苏沧浪补《自叙》之例，辄亦完之。夫沧浪之书不下素师，而有极愧糠秕之嫌。徵明于东坡无能为役，而亦点污其前，愧罪又当何如哉！"清吴其贞《书画记》赞其为："清健秀媚，似颜、柳二家。"清吴承泽《庚子消夏记》亦云："《赤壁赋》为东坡得意之作，故屡书之。此本小字楷书，尤有精彩。"

赋文：

壬戌之秋，七月既望，苏子与客泛舟游于赤壁之下。清风徐来，水波不兴。举酒属客，诵明月之诗，歌窈窕之章。少焉，月出于东山之上，徘徊于斗牛之间。白露横江，水光接天。纵一苇之所如，凌万顷之茫然。浩浩乎如冯虚御风，而不知其所止；飘飘乎如遗世独立，羽化而登仙。

于是饮酒乐甚，扣舷而歌之。歌曰："桂棹兮兰桨，击空明兮溯流光。渺渺兮予怀，望美人兮天一方。"客有吹洞箫者，倚歌而和之。其声呜呜然，如怨如慕，如泣如诉，余音袅袅，不绝如缕。舞幽壑之潜蛟，泣孤舟之嫠妇。

苏子愀然，正襟危坐而问客曰："何为其然也？"客曰："月明星稀，乌鹊南飞，此非曹孟德之诗乎？西望夏口，东望武昌，山川相缪，郁乎苍苍，此非孟德之困于周郎者乎？方其破荆州，下江陵，顺流而东也，舳舻千里，旌旗蔽空，酾酒临江，横槊赋诗，固一世之雄也，而今安在哉？况吾与子渔樵于江渚之上，侣鱼虾而友麋鹿，驾一叶之扁舟，举匏樽以相属。寄蜉蝣于天地，渺沧海之一粟。哀吾生之须臾，羡长江之无穷。挟飞仙以遨游，抱明月而长终。知不可乎骤得，托遗响于悲风。"

苏子曰："客亦知夫水与月乎？逝者如斯，而未尝往也；盈虚者如彼，而卒莫消长也。盖将自其变者而观之，则天地曾不能以一瞬；自其不变者而观之，则物与我皆无尽也，而又何羡乎！且夫天地之间，物各有主，苟非吾之所有，虽一毫而莫取。惟江上之清风，与山间之明月，耳得之而为声，目遇之而成色，取之无禁，用之不竭，是造物者之无尽藏也，而吾与子之所共适。"

客喜而笑，洗盏更酌。肴核既尽，杯盘狼籍。相与枕藉乎舟中，不知东方之既白。

## （十五）李白仙诗卷

《李白仙诗卷》，蜡笺本。纵 34.5 厘米，横 108 厘米。清高士奇《江村销夏录》著录。后有蔡松年、施宜生、刘沂、高衎及张弼、高士奇、沈德潜等明清人跋。刊于《中国历代美术全集·宋金元书法》。日本大阪市立美术馆藏。

该帖为宋哲宗元祐八年（1093）苏轼五十八岁时书。宋人施宜生谓"颂太白此语则人间无诗，观东坡此笔则人间无字"。太白与东坡，同为蜀人，于诗也可谓同为天纵之才。二人之诗，皆天马行空，究天人之际，纵横捭阖，痛快

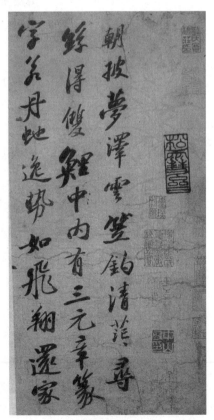

图 61　李白仙诗卷（局部）

淋漓。因此东坡书太白之诗，实在是绝配。此卷书太白之诗二首，但此二首都不见于李白诗集，据载是由京师汴梁的道士丹元子口述的。第一首娓娓道来，仙气拂拂，引人入胜。第二首凄清空逸，超脱人寰。苏轼书之第一首诗，灵秀清妍，姿致翩翩。开卷苏轼行笔还比较从容，字字独立，及至二行"只知雨露贪"开始，诗的意境已把苏轼带入了一种缥缈幽远的状态，从第三行开始字与字之间出现牵丝连带，也可能是口述者丹元子自身的状态随着朗诵也逐渐进入了诗境的缘故，语速开始加快，苏轼的行笔速度也随之加快，已经顾不得笔画上所谓的拿捏和考量，纯粹笔随兴走，墨伴情飞。及至"青松蔼朝霞，缥缈山下村"句则渐入奇境，变化多端，神妙莫测。苏轼在写第二首诗时更加驰骋纵逸，纯以神行，人书合一，仙气缥缈，心随书走。这时，他已完全忘情于笔墨，笔势随意起伏，不顾左右，到"既死明月魄，无复玻璃魂"句，苏轼已经彻底失去平日的闲情雅致之态，而是随着情感的宣泄，达到了一发而不可收的状态。到最后两行"念此一洒脱，长啸登昆仑"，书体已从开始的行书变为行草，诗意与笔墨也已浑然天成，合为一体了。乍看此帖，似乎有"粗头乱服"之感，但恰恰是这样的信手拈来，毫无安排，率意而成，才反映出苏轼的真性情。

苏轼的很多作品都非常注重作品的笔墨技巧和章法布局，无论是在线条的把握，行气的贯通，还是章法的布置，都体现出一种美轮美奂的意境。但此卷却似乎是反其道而行之，不计工拙，随手挥洒，反而少了人工美，显现出取法天然的异趣，这在苏轼的作品中是不多见的，应该是与太白诗形成情感共振后的天作之笔。

诗文：

朝披梦泽云，笠钓青茫茫。寻丝得双鲤，内有三元章。篆字若丹蛇，逸势如飞翔。还家问天老，奥义不可量。金刀割青素，灵文烂煌煌。咽服十二环，奄见仙人房。莫跨紫鳞去，海气侵肌凉。龙子善变化，化作梅花妆。赠我累累珠，靡靡明月光。劝我穿绛缕，系作裙间珰。把子以携去，谈笑闻遗香。

人生烛上花，光灭巧妍尽。春风绕树头，日与化工进。只知雨露贪，不闻零落近。我昔飞骨时，惨见当涂坟。青松霭朝霞，缥缈山下村。既死明月魄，无复玻璃魂。念此一脱洒，长啸登昆仑。醉着鸾皇衣，星斗俯可扪。元祐八年七月十日，丹元复传此二诗。

## （十六）《洞庭春色赋》与《中山松醪赋》

《洞庭春色赋》与《中山松醪赋》二赋均为苏轼撰并书，两赋接装为一幅。纵28.3厘米，横306.3厘米。前者行书32行，287字；后者行书35行，320字；又有自题10行，85字。前后总计684字，为所见苏轼传世墨迹中字数最多者。前者作于1091年冬，后者作于1093年，是苏轼贬往岭南，在途中遇大雨留阻襄邑（今河南睢县）所书。苏轼自题云："绍圣元年（1094）闰四月廿一日将适岭表，遇大雨，留襄邑，书此。"时年已五十九岁，为苏轼晚年作品。此两帖真迹清初为安岐所藏，乾隆时入清内府，刻入《三希堂法帖》。溥仪逊位，被辗转藏入长春伪帝宫，1945年散失民间。1982年12月上旬发现并入藏吉林省博物馆。

此合卷用笔轻松却极富张力，笔墨线条圆润厚实，墨色醇美，行笔秀劲，气度闲雅，朴拙而不失灵动，行转顿折如屋漏痕，有很强的立体感。尽管苏轼自云"我书意造本无法"，但细观

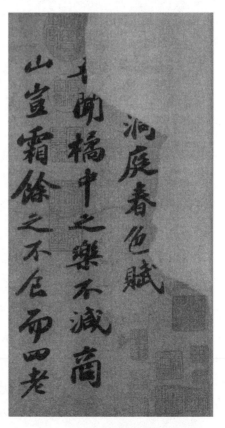

图62 洞庭春色赋（局部）

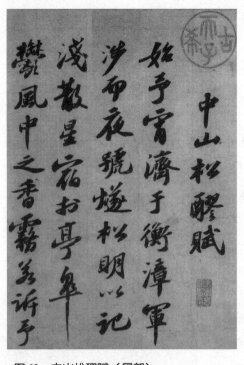

图63　中山松醪赋（局部）

此卷之后，可见法度森严，但却又不是墨守某一家，而是博采众家之长后颇有自己的特色，从而将观者带入了一种从容幽雅的新境界。此时，苏轼笔墨技巧更为老辣健爽，结字中宫极紧，意态闲雅，欹正得宜，豪宕中寓妍秀。笔意雄劲，潇洒飘逸，浓纤合度，不激不厉，集中反映了苏轼书法"结体短肥"的特点。因此，历代佳评颇多。明张孝思云："此二赋经营下笔，结构严整，郁屈瑰丽之气，回翔顿挫之姿，真如狮蹲虎踞。"明王世贞亦云："此不惟以古雅胜，且姿态百出，而结构谨密，无一笔失操纵，当是眉山最上乘。观者毋以墨猪迹之可也。"乾隆也曾赞曰："精气盘郁豪楮间，首尾丽富，信东坡书中所不多见。"

《洞庭春色赋》赋文：

　　吾闻橘中之乐，不减商山。岂霜余之不食，而四老人者游戏于其间？悟此世之泡幻，藏千里于一斑。举枣叶之有余，纳芥子其何艰。宜贤王之达观，寄逸想于人寰。袅袅兮春风，泛天宇兮清闲。吹洞庭之白浪，涨北渚之苍湾。携佳人而往游，勒雾鬓与风鬟。命黄头之千奴，卷震泽而与俱还。糅以二米之禾，藉以三脊之菅。忽云蒸而冰解，旋珠零而涕潸。翠勺银罂，紫络青纶。随属车之鸱夷，款木门之铜环。分帝觞之余沥，幸公子之破悭。我洗盏而起尝，散腰足之痹顽。尽三江于一吸，吞鱼龙之神奸。醉梦纷纭，始如髦蛮。鼓包山之桂楫，扣林屋之琼关。卧松风之瑟缩，揭春溜之淙潺。追范蠡于渺茫，吊夫差之茕鳏。属此觞于西子，洗亡国之愁颜。惊罗袜之尘飞，失舞袖之弓弯。觉而赋之，以授公子曰：
呜呼噫嘻，吾言夸矣，公子其为我删之。

《中山松醪赋》赋文：

　　始予宵济于衡漳，军涉而夜号。燧松明以记
浅，散星宿于亭皋，郁风中之香雾，若诉予以不
遭。岂千岁之妙质，而死斤斧于鸿毛。效区区之
寸明，曾何异于束蒿。烂文章之纠缠，惊节解而
流膏。嗟构厦其已远，尚药石之可曹。收薄用于
桑榆，制中山之松醪。救尔灰烬之中，免尔萤爝
之劳。取通明于盘错，出肪泽于烹熬。与黍麦而
皆熟，沸春声之嘈嘈。味甘余之小苦，叹幽姿之
独高。知甘酸之易坏，笑凉州之蒲萄。似玉池之
生肥，非内府之蒸羔。酌以瘿藤之纹樽，荐以石
蟹之霜螯。曾日饮之几何，觉天刑之可逃。投挂
杖而起行，罢儿童之抑搔。望西山之咫尺，欲褰
裳以游遨。跨超峰之奔鹿，接挂壁之飞猱。遂从
此而入海，渺翻天之云涛。使夫嵇、阮之伦，与
八仙之群豪。或骑麟而翳凤，争榼挈而瓢操。颠
倒白纶巾，淋漓宫锦袍。追东坡而不可及，归餔
啜其醨糟。漱松风于齿牙，犹足以赋《远游》而
续《离骚》也。
　　始，安定郡王以黄柑酿酒，名之曰洞庭春
色。其犹子德麟得之以饷予。戏为作赋，后，予
为中山守，以松节酿酒，复为赋之。以其事同而
文类，故录为一卷。绍圣元年闰四月廿一日，将
适岭表，遇大雨，留襄邑书此。东坡居士记。

## （十七）归去来兮辞

《归去来兮辞》，纸本，行楷书。纵 32 厘米，横 181.8

厘米。《石渠宝笈续编》著录，刊于台湾《故宫历代法书全集（第二卷）》。现藏台北故宫博物院。

苏轼书陶渊明此作时正是谪居黄州期间，他在经历了几乎使他丧命的"乌台诗案"后痛定思痛，在黄州城外躬耕于陇亩，苟全性命于世外，不求闻达于朝堂。因为对于经受了一场严重政治迫害的苏轼来说，此时是劫后余生，内心是愤懑而痛苦的。但他并没有被痛苦所压倒，而是表现出一种超人的旷达，一种不因世事烦扰的恬淡。有时布衣芒鞋，出入于阡陌之上；有时月夜泛舟，放浪于山水之间。他要从大自然中寻求美的享受，领略人生的哲理。李泽厚先生在《美的历程》中曾说："苏轼一生并未退隐，也从未真正归田，但他通过诗文所表达出来的那种人生空寞之感，却比前人任何口头上或事实上的退隐归田遁世要更深刻更沉重。因为，苏轼诗文中所表达出来的这种退隐心绪，已不只是对政治的退避，而是一种对社会的退避。"从苏轼此时所作的一首《临江仙·夜归临皋》就能充分看出他的这种心绪："长恨此身非我有，何时忘却营营？夜阑风静縠纹平。小舟从此逝，江海寄余生。"可以说，此时的苏轼在心境上和"采菊东篱下，悠然见南山"的陶渊明虽时空相隔六百余年，却产生了极大的共鸣，可谓妙然契合。因此，金人王若虚曾言："东坡酷爱《归去来兮辞》，既次其韵，又衍为长短句，又裂为集字诗。"苏轼自己也说"渊明形神似我"，"如其为人，实有感焉……欲以晚节师范其万一也"。在这样的背景下，苏轼挥毫写出陶渊明这篇千古传诵的《归去来兮辞》，真正是妙笔书美文了。

此卷以行楷书写成，意态丰腴，结体稳密，纵笔重，

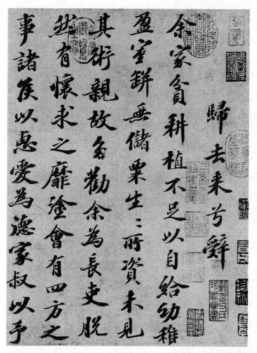

图64 归去来兮辞（局部）

横笔轻，左伸而右缩，以纵有行而横无列的章法布局表现出工稳精妍、错落有致的格调，给人以超然恬淡的艺术享受。东坡书法兼得二王、颜真卿、李邕、杨凝式之长，其书风充分流露出潇洒奔逸、豪迈不羁的气概。这种书风在书写此文时，形成了表现形式和文章内容的高度统一，真正达到了"倚南窗以寄傲，审容膝之易安"的艺术化境。

辞文：

余家贫，耕植不足以自给。幼稚盈室，瓶无储粟，生生所资，未见其术。亲故多劝余为长吏，脱然有怀，求之靡途。会有四方之事，诸侯以惠爱为德，家叔以余贫苦，遂见用于小邑。于时风波未静，心惮远役，彭泽去家百里，公田之利，足以为酒。故便求之。及少日，眷然有归欤之情。何则？质性自然，非矫厉所得。饥冻虽切，违己交病。尝从人事，皆口腹自役。于是怅然慷慨，深愧平生之志。犹望一稔，当敛裳宵逝。寻程氏妹丧于武昌，情在骏奔，自免去职。仲秋至冬，在官八十余日。因事顺心，命篇曰《归去来兮》。乙巳岁十一月也。

归去来兮，田园将芜胡不归？既自以心为形役，奚惆怅而独悲？悟已往之不谏，知来者之可追。实迷途其未远，觉今是而昨非。舟遥遥以轻飏，风飘飘而吹衣。问征夫以前路，恨晨光之熹微。

乃瞻衡宇，载欣载奔。僮仆欢迎，稚子候门。三径就荒，松菊犹存。携幼入室，有酒盈樽。引壶觞以自酌，眄庭柯以怡颜。倚南窗以寄傲，审容膝之易安。园日涉以成趣，门虽设而常关。策扶老以流憩，时矫首而遐观。云无心以出岫，鸟倦飞而知还。景翳翳以将入，抚孤松而盘桓。

归去来兮，请息交以绝游。世与我而相违，复驾言兮焉求？悦亲戚之情话，乐琴书以消忧。农人告余以春及，将有事于西畴。或命巾车，或棹孤舟。既窈窕以寻壑，亦崎岖而经丘。木欣欣以向荣，泉涓涓而始流。善万物之得时，感吾生之行休。

已矣乎！寓形宇内复几时！曷不委心任去留？胡为乎遑遑欲何之？富贵非吾愿，帝乡不可期。怀良辰以孤往，或植杖而耘耔。登东皋以舒啸，临清流而赋诗。聊乘化以归尽，乐夫天命复奚疑。

### （十八）天际乌云帖

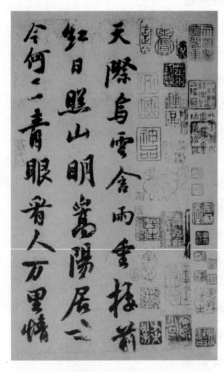

图65　天际乌云帖

《天际乌云帖》又称《嵩阳帖》。真迹曾由明代项元汴收藏，清归翁方纲，有翁氏题跋。36行，共307字。藏处不详。

此帖无年款，据清翁方纲考，此帖当书于神宗熙宁十年（1077）。翁氏收藏此帖后，又引起了是否为钩填本的争论。因存世苏书钩填本很多，而此帖纸质擦损严重，因此世人有此种怀疑。但翁方纲将此帖与《快雪堂帖》刻本逐一比较，而断定《快雪堂帖》刻本所据乃为董其昌记载所见之摹本，因此确定此帖为真迹本。

纵览全帖，可见苏轼用笔雄厚，字态凝重，笔画圆浑朴茂，遒劲有力，展示出驾驭笔墨的非凡才能。苏轼宗法传统却能时出新意，这是苏氏在此帖中为我们展现出来的风姿。作为宋代尚意书风的主要代表人物，苏轼的艺术追求从来就是要求达到心手双畅，兴到笔随的精神状态。而此帖字势的映带关联，字态的率意洒脱，字列的大小错落，都营造出一种顺乎自然的艺术情景，这也当是与苏轼的才学和豪放的性格密切相关吧。

帖文：

天际乌云含雨重，楼前红日照山明。嵩阳居士今何在，青眼看人万里情。此蔡君谟《梦中》诗也。仆在钱塘，一日谒陈述（古），邀余饮堂前小阁中。壁上小书一绝，君谟真迹也。约绰新娇生眼底，侵寻旧事上眉尖。问君别后愁多少，得似春潮夜夜添。又有人和云：长垂玉筋残妆脸，肯为金钗露指尖。万斛闲愁何日尽，一分真态更难添。二诗皆可观，后诗不知谁作也。

杭州营籍周韶，多蓄奇茗，常与君谟斗，胜之。韶又知作诗。子容过杭，述古饮之，韶泣求落籍。子容曰："可作一绝。"韶援笔立成曰："陇上巢空岁月惊，忍看回首自梳翎。开笼若放雪衣女，长念观音般若经。"韶时有服，衣白，一坐嗟叹。遂落籍。同辈皆有诗送之，二人者最善。胡楚云："淡妆轻素鹤翎红，移入朱栏便不同。应笑西园旧桃李，强匀颜色待东风。"龙靓云："桃花流水本无尘，一落人间几度春。解佩暂酬交甫意，濯缨还作武陵人。"故知杭人多惠也。

## （十九）枯木卷帖

《枯木卷帖》又称《书杜工部枯木诗卷帖》，乃苏轼书杜甫七律诗作一首。澄心堂纸本。19行，共159字。全卷无东坡名款，钤有"三希堂精鉴玺""乾隆御览之宝""嘉庆御览之宝""宣统御览之宝""贾谊"等印章48方（未计题跋者名章）。有大德、至顺、至正、洪武、永乐等年代

图 66 枯木卷帖（局部）

的题跋 11 则。《石渠宝笈》著录，刊于日本《中国书道全集（第四卷）》。原台北兰千山馆藏，现藏台北故宫博物院。

苏轼喜用偃笔，故字体有扁肥之感。但此帖多用正锋，精神凝聚，结构圆熟，字形匀称，骨力深稳，力透纸背。此帖墨法最有特点，用墨浓淡适中，并与笔法完美结合，因此情趣悠长。可以说，在这一短幅中，苏轼以其笔墨之法赋其形，以其才学品性注其情，所以整幅字法度中和，意态自足，情随笔至，书诗两契，从而使观者随他的笔调产生了情感的起伏，达到了美的享受。

对于此帖，后世多有佳评。明代金冕跋云："昔先生尝赞美杜子美诗、颜鲁公书皆求之于声律点画之外，今观先生书杜诗，后千百年，宛然若昨日挥洒者，盖寓精神于翰墨而才品所自到尔。倘拘以宇宙之得而论之，是未可同赏妙也。"明姚广孝亦跋云："坡翁书，大概骨撑肉，肉没骨，自出新意，亦一快哉。其字画更圆熟遒劲可爱。"清吴升《大观录》云："结体秀润，姿态横生，无一笔板滞。虽短幅，令人爱玩不忍舍。"清安岐《墨缘汇观》亦云："凡见苏文忠公书，用墨太丰，此卷字画沉着，用墨浓淡得中，较丰墨者别有生动之趣，亦纸之使然耳。"

帖文：


背郭堂成荫白茅，缘江路熟俯青郊。桤林碍日吟风叶，笼竹和烟滴露梢。暂下飞鸟将数子，频来语燕定新巢。旁人错比扬雄宅，懒惰无心作解嘲。蜀中多桤木，读如欹反之欹。散材也，独中薪耳。然易长，三年乃拱。故子美诗云"饱闻桤木三年大，为致溪边十亩阴"。凡木所茷，其地则瘠。惟桤不然，叶落泥水中辄腐，能肥田，甚于粪壤，故田家喜种之。得风，叶声发发如白杨也。吟风之句，尤为纪实云。笼竹亦蜀中竹名也。

## （二十）祷雨帖

《祷雨帖》又称《颍州祈雨诗帖》《颍州祷雨纪事》《龙公神帖》，苏轼自署书于哲宗元祐六年（1091）。纸本，纵29厘米，横120厘米，诗文二则，29行，共239字，今不知藏所。

苏轼谪居黄州五年后，由江南到京师，由京师再到颍州，在颍州不足半年。他关心人民疾苦，赈灾祈雨，颇有政声。此帖即记其久旱祈雨之事。《苏诗总案》记载："十一月一日祷雨张龙公，得小雪。与赵令时，陈师道、欧阳荣、辩兄弟，会饮聚星堂，和欧阳修禁体韵，并书颍州祷雨诗。"

此帖开卷为苏轼书法的常态，字字独立，笔画沉着遒劲，近似楷体。随着书写的进程，变化逐渐显现，首先是笔画的粘连牵带，其次是字形的大小变化，再次是字体的由楷及行再及草。及至最后几行，字体越来越大，笔意中似乎与黄庭坚的"长枪大戟"还颇有几分神似之处，可见只有书家挥毫时的情随笔动，不拘成法，才能带来极强的艺术感染力。

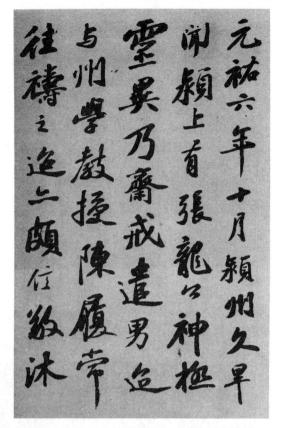

图67 祷雨帖（局部）

帖文：

> 元祐六年十月，颍州久旱，闻颍上有张龙公神，极灵异，乃斋戒遣男迨与州学教授陈履常往祷之。迨亦颇信，敬沐浴斋居而往。明日，当以龙骨至，天色少变。庶几得雨雪乎。二十六日，轼书。二十八日与景贶、履常同访。二欧阳作诗云："后夜龙作雨，天明雪填渠。梦回闻剥啄，谁呼赵陈予？"景贶抚掌曰："句法甚新，前此未

有此法。"季默曰:"有之。长官请客吏请客,目曰'主簿、少府、我'。即此语也。"相与笑语。至三更归时,星斗粲然,就枕未几,雨已鸣檐矣。至朔旦日,雪作五人者复会于郡斋。既叹仰龙公之威德,复喜诗语之不谬。季默欲书之,以为异日一笑。是日,景贶出迨诗云:"吾侪归卧髀肉裂,会有携壶劳行役。"仆笑曰:"是男也,好勇过我。"

## (二十一) 翠樾诗帖

《翠樾诗帖》用笔坚实沉着,圆劲丰满。结体上大小相间,疏密自然。综观全局,笔意跌宕起伏,显示出天真烂漫的意趣。正如黄山谷所谓"此公盖天资解书,比之诗人,是李白之流",可谓破的之语。

帖文:

图68　翠樾诗帖(局部)

王仲至侍郎见遗稗樾种之仪曹北垣下,今百余日矣,蔚然有生意,喜而赋诗。呈淳父内翰。轼上。

翠樾东南美,近生神岳阴。惜哉不可致,霜根络云岑。仙风振高标,香实陨平林。偶随樗栎生,不为樵牧侵。忽惊黄茅岭,稍出青玉针。好事虽力取,王城少知音。岂无换鹅手,但知觅来禽。高怀独夫子,一见捐橐金。得之喜不寐,赠我意殊深。公堂开后阁,凡木愧华簪。栽培一寸根,寄子百年心。常恐樊笼中,摧我鸾鹤衿。那知积雨后,寒芒晓森森。恨我迫归老,不见汝十寻。苍皮护玉骨,旦

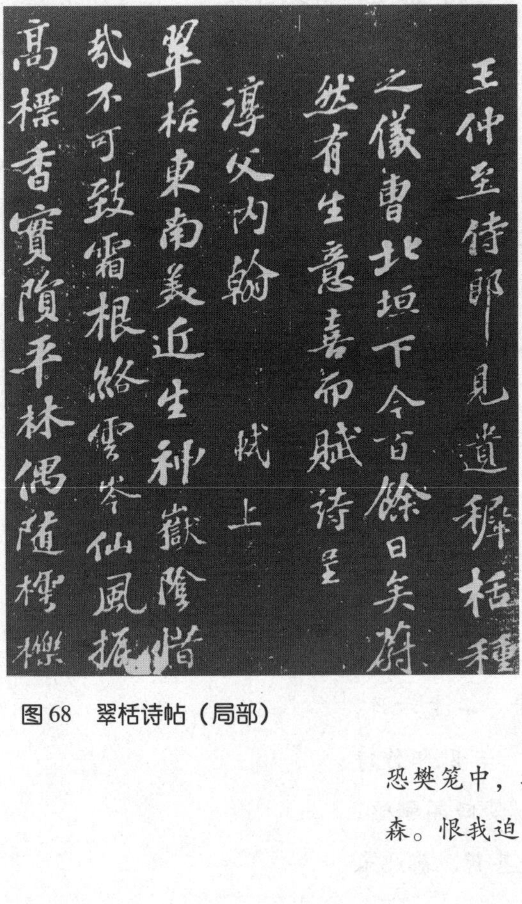

暮视古今。何人风雨夜，卧听饥龙吟。

亦请方叔同赋。

## （二十二）澹面帖

东坡书法，黄山谷谓之"兼颜鲁公、杨少师、李西台笔意"。观《澹面帖》确如山谷所言。颜鲁公的沉雄博大，杨少师的飘逸典雅，李西台的圆润丰腴尽显纸上。更难能可贵的是，东坡加以个人笔法，刚柔相济，绵里藏铁，寓巧于拙，外韧内强，实为开有宋书风的一代大师。

帖文：

图69　澹面帖（局部）

> 轼旧苦痔疾，盖二十一年矣。近日忽大作，百药不效。虽知不能为甚害，然痛楚无聊两月余，颇亦难当。出于无计，遂欲休粮以清净胜之，则又未能遽尔。但择其近似者，断酒断肉，断盐酢酱菜，凡有味物皆断，又断粳米饭，惟食淡面一味。其间更食胡麻、伏苓麨少许取饱。胡麻，黑脂麻是也。去皮，九蒸曝白。伏苓去皮，捣罗入少白蜜，为麨，杂胡麻食之，甚美。如此服食已多日，气力不衰，而痔渐退。久不退转，辅以少气术，其效殆未易量也。此事极难忍，方勉力必行之。惟患无好白伏苓，不用赤者，告兄为于韶、英、南雄寻买得十来斤，乃足用，不足且旋至之，亦可。已一面于广州买去。此药时有伪者。柳子云尽老芋是也。若有松根贯之，却是伏种，亦与伏苓同，可用，惟乞辨其伪者。频有干烦，实为老病切要用者，敢望留念。幸甚！幸甚！轼再拜。

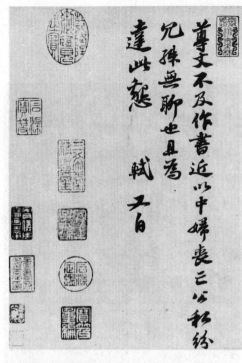

图70 尊丈帖

蜜，此中虽有，亦多伪。如有真者，更求少许。既绝肉五味，只啖此勢及淡面，更不消别药，百病自去。此长年之真诀，但易知而难行耳。弟发得志愿甚坚，恐是因灾致福也。

### （二十三）尊丈帖

《尊丈帖》，纸本。纵 26.1 厘米，横 18.9 厘米。《墨缘汇观》《石渠宝笈续编》著录，刊于台湾《故宫历代法书全集（第十卷）》。台北故宫博物院藏。

苏东坡的书法以天真烂漫著称于世，但书写这封信札时，因"公私纷冗"，故感"殊无聊也"。或许也正因为无聊，才使得东坡要在纷冗的公私杂事中求得沉静。所以，这封信札通体显示出一种安静平和之气。从书写的法度中，不但能看出颜平原和李北海的笔意，而且并无米颠所谓之"画字"嫌疑。故能推断出绝非信手之笔，乃为推求之作。

帖文：

> 尊丈不及作书。近以中妇丧亡，公私纷冗，殊无聊也。且为达此恳。轼又白。

### （二十四）答谢民师论文帖

《答谢民师论文帖》，纸本。论文一则。33 行，每行字数不一，共 360 字。帖首缺失十数行。纵 27 厘米，横 96.5 厘米。《过云楼书画记》著录，刊于《上海博物馆藏历代法书选集（第一卷）》《中国美术全集·宋金元书法》。上海博物馆藏。

此帖笔法优美，韵味独具，从中似乎能看出《兰亭》

笔意。但东坡学王，却不做王书之奴。正如其亦学颜，却绝不为颜书之翻版。苏东坡对书法传统的继承与创造，不仅开有宋一代书风，也堪为百代师。对于此帖，明娄坚跋曰："坡公书肉丰而骨劲，态浓而意淡，藏巧于拙，特为淳古。公诗有云'守骏莫如跛'，盖言其所自得于书者如此。此卷为北归时答谢书，予所见公遗迹，独楚颂帖用笔与此相类。彼似少纵，而此则稳重。皆可想见，纯绵裹铁也。"明董其昌亦跋曰："东坡书学徐季海、王僧虔，间为李北海、颜鲁公，皆奇崛萧疏似其人品。山谷所谓'挟以忠义贯日月，文章妙千古之气'，此卷是矣。"

帖文：

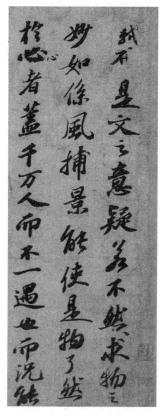

图71　答谢民师论文帖
（局部）

　　轼□是文之意疑若，不然。求物之妙，如系风捕影，能使是物了然于心者，盖千万人而不一遇也。而况能使了解于口与手者乎？是之谓词达。词至于能达，则文不可胜用矣。扬雄好为艰深之词，以文浅易之说，若正言之，则人人知之矣。此正所谓雕虫篆刻者，其《太玄》《法言》皆是物也。而独悔于赋，何哉？终身雕虫，而独变其音节，便谓之经，可乎？屈原作《离骚经》，盖风雅之再变者，虽与日月争光可也！可以其似赋而谓之雕虫乎？使贾谊见孔子，升堂有余矣，而乃以赋鄙之，至与司马相如同科！雄之陋，如此比者甚众。可与知者道，难与俗人言也。因论文偶及之耳。欧阳文忠公言，文章如精金美玉，市有定价，非人所能以口舌贵贱也。纷纷多言，岂能有益于左右？愧悚不已。所须惠力法语堂字，轼本不善作大字，强作终不佳。又舟中局迫难写，未能如教。然则方过临江，当往游焉。或僧有所欲记录，当为作数句留院中，慰左右念亲之意。今日已至峡山寺，少留即去。愈远。惟万

万以时自爱。不宣。轼顿首再拜民师帐句推官阁
下。十一月五日。

### (二十五) 书和靖林处士诗后帖

《书和靖林处士诗后帖》，纸本。14 行，共 195 字。
《式古堂书画汇考》著录，刊于《故宫周刊》。

**图 72　书和靖林处士诗后帖**

这幅作品，于结体取欹侧之势，左扬右抑，内敛外
拓，有真有行，字体大小参差错落。用笔方圆结合，刚柔
相济，自有一种新意在。实乃开启有宋一代书风的大师。

帖文：

书和靖林处士诗后。苏轼。

吴侬生长湖山曲，呼吸湖光饮山绿。不论世
外隐君子，佣儿贩妇皆冰玉。先生可是绝俗人，
神清骨冷无由俗。我不识君曾梦见，眸子瞭然光
可烛。遗篇妙字处处有，步绕西湖看不足。诗如
东野不言寒，书似留台差少肉。平生高节已难
继，将死微言犹可录。自言不作封禅书，更肯悲
吟白头曲。

司马长卿欲娶富人女文君，作《白头吟》以

诮之。先生临终诗云：茂陵他日求遗草，犹喜曾
无封禅书。

我笑吴人不好事，好作祠堂傍修竹。不然配
食水仙王，一盏寒泉荐秋菊。西湖有水仙王庙。

### （二十六）渡海帖

《渡海帖》，纸本。刊于
日本《中国书道全集（第十
五卷）》。台北故宫博物院藏。

此封信札乃苏轼书于哲
宗元符三年（1100）六月十
三日。全篇不过百字，洋洋
洒洒，一挥而就，浑然天成，
意趣盎然，全然不落古人窠
臼。正如苏轼自己所说的：
"吾书虽不甚佳，然自出新

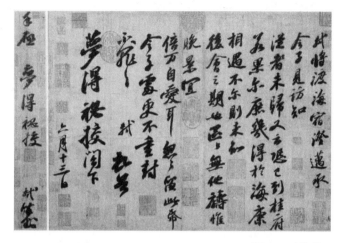

图73　渡海帖

意，不践古人，是一快也。"通篇章法布白参差错落，一
任自然，用笔墨色淋漓，字态丰腴厚重，笔墨间透露出一
种天然之态。

帖文：

轼将渡海，宿澄迈，承令子见访，知从者未
归。又云，恐已到桂府。若果尔，庶几得于海康
相遇；不尔，则未知后会之期也。区区无他祷，
惟晚景宜倍万自爱耳。匆匆留此纸令子处，更不
重封，不罪不罪。轼顿首。梦得秘校阁下。六月
十三日。手启，梦得秘校。轼封。

### （二十七）江上帖

《江上帖》，纸本。纵30.3厘米，横30.5厘米。《石
渠宝笈续编》著录，刊于台湾《故宫历代法书全集（第十
一卷）》。台北故宫博物院藏。

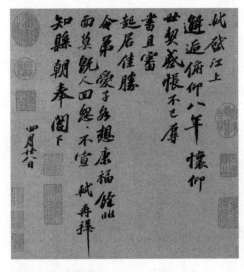

图74 江上帖

此幅行书，不假雕饰，笔锋时藏时露，形成豪迈灵动的风格。行间布置错落，不拘一格，气势贯穿全篇，显示出潇洒不羁的艺术效果。

帖文：

轼启。江上邂逅，俯仰八年，怀仰世契，感怅不已。辱书，且审起居佳胜。令弟爱子，各想康福。余非面莫既，人回匆匆不宣。轼再拜知县朝奉阁下。四月廿八日。

# 二、楷书

## （一）醉翁亭记

《醉翁亭记》，欧阳修撰文，苏轼书于欧阳修逝世后近二十年。哲宗元祐六年（1091）十一月刻石，宋刻本字有漫漶。原石宋时已毁，明嘉靖间重新刻石，石在安徽省全椒县。今拓本乃明刻本（分四张拓石，前三张七行，末张五行，行二十字）。此大字楷书笔笔用力，沉着宽厚，气势雄强，结字缜密，毫无松懈之感。笔画的安排，既遒劲敦厚，又飘逸洒脱，尤其是撇画和捺画十分舒展。对于此作，后世颇有佳评。元赵孟頫《松雪斋》云："余观此帖潇洒纵横，虽肥而无墨猪之状，外柔内刚，真所谓绵里裹铁也。"明王世贞评曰："苏书《醉翁亭记》，结法遒美，气韵生动，极有旭素屋漏痕意。"又云："坡公所书《醉翁》《丰乐》二亭记，擘窠书法出颜尚书、徐吏部，结体虽小散缓，而遒伟俊迈，自是当家。"李长善亦云："文忠早师颜鲁公，大书《醉翁亭》《袁州学记》，不改鲁公家法。"清梁巘《评书帖》云："东

图75 醉翁亭记（局部）

坡楷书《丰乐》《醉翁》二碑，大书深刻劈实劲健，今惟《丰乐亭》尚清白。"

### （二）丰乐亭记

《丰乐亭记》，欧阳修撰文，苏轼书。刻于北宋哲宗元祐六年（1091），原石已佚，明嘉靖年间重刻，又有罗振玉、吴湖帆、陈承修，黄葆戊等题跋，因此传世宋拓本极其罕见。此碑是苏轼晚年书法力作之一，字体楷中稍见行意，神完气足，时人称"体度庄安，气象雍俗"。明人王世贞评论苏轼自颜真卿，徐浩，结体虽小散缓而遒伟俊迈。

### （三）司马温公神道碑

司马温公即司马光（1019—1086），北宋时期著名政治家、史学家、散文家。陕州夏县涑水乡（山西运城安邑镇东北）人，字君实，号迂叟，世称涑水先生。司马光生于宋真宗天禧三年（1019）十一月，自幼嗜学，尤喜《春秋左氏传》。其所主持编写的《资治通鉴》成书于宋神宗元丰七年（1084），是我国第一部编年体通史。

《司马温公神道碑》是苏轼五十三岁所作。李苦禅评之为"苏楷书当以此帖为第一"。

### （四）宸奎阁碑

《宸奎阁碑》全称《明州阿育王广利寺宸奎阁碑》，是苏轼为宸奎阁所写的碑文，22 行，行 35 字，共 770 字。宋哲宗元祐六年（1091）正月立。此碑书成后数年，由于党禁，碑石曾遭损坏，所以此宋拓本是传世孤本，但已于早年流入日本。明万历间蔡学易访范钦得旧拓本，重刻于鄞县。

《宸奎阁碑》为苏轼楷书精品，结体开张，雄强博大，气势宏伟。

图76　丰乐亭记（局部）

图77　司马温公神道碑（局部）

图78 宸奎阁碑（局部）

### （五）祭黄几道文

《祭黄几道文》书于哲宗元祐二年（1087）八月四日，是苏轼与弟弟苏辙联名哀悼黄好谦的祭文，当时苏轼五十二岁。现藏于上海博物馆。

黄好谦，字几道，北宋神宗熙宁三年（1070）六月授著作佐郎，之后历任太常丞权监察御史等职务。元丰八年（1085）八月，以朝散郎为驾部郎中。宋哲宗元祐二年，被任命为颍州知州，但还没有到任，就在这年的四五月间去世了。由于他去世前最后的职务是颍州知州，所以又被称为黄颍州。

此作书风雅逸遒劲，自然率真，神气完足，是苏轼传世作品中的楷书珍品之一。

### （六）罗池庙碑

《罗池庙碑》又称《罗池庙迎享送神诗碑》，或称《罗池铭辞》《荔子丹碑》等。刻石于南宋宁宗嘉定十年（1217），10行，行16字，共160字。此碑无书写年月，石在广西马平罗池庙。王世贞有评曰："东坡书《罗池铭辞》遒劲古雅，为其书中第一。"侯镜昶也认为："《罗池庙碑》用笔险劲，此刻更具法度，但兼有气势，与唐碑各家迥然相异。东坡善于发展变化，融势入碑，开宋书特有之风。苏碑又以帖的布白，融入碑中……自东坡倡导，宋代碑刻形成了独特的风格。"

图79 祭黄几道文（局部）

图80 罗池庙碑（局部）

# 附录一　苏轼书论

苏轼的书论，多是题跋小品，散见于《苏东坡集》，亦见于明代毛晋编的《东坡题跋》卷四，亦多见于《书画谱》第二卷、第六卷、第十卷。

真本已入昭陵，世徒见此而已，然此本最善。日月愈远，此本当复缺坏，则后生所见愈微愈疏矣。

——《题兰亭记》

仆尝见欧阳文忠公，云《遗教经》非逸少笔，以其言"观之信若不妄"。然自逸少在时小儿乱真，自不解辨，况数百年后传刻之余而欲必其真伪，难矣。顾笔车精稳，自可为师法。

——《题遗教经》

笔墨之迹托于有形，有形则有弊，偶不至至于无而自乐于一时，聊寓其心，忘忧晚岁，则犹贤于博弈也。虽然，不假外物而有守于内者，圣贤之高致也，惟颜子得之。

——《题笔阵图》

笔成冢，墨成池，不及羲之即献之；笔秃千管，墨磨万锭，不作张芝作索靖。

——《题二王书》

王会稽父子书存于世者盖一二数，唐人褚、薛之流硬黄临放，亦足为贵。

——《跋褚薛临帖》

辨书之难，正如听响切脉，知其美恶则可，自谓必能正名之者过也。今官本十卷法帖中，真伪相杂至多，逸少部中有《出宿饯行》一帖乃此张说文，又有"不具释智永白"者亦在逸少部中，此最疏谬。余尝于秘阁观墨迹，皆唐人硬黄临本，惟《鹅群》一帖似是献之真笔，后又于李玮都尉家见谢尚、王衍等数人书，超然绝俗，考其印记，王涯家本。其他但得唐人临本皆可畜。

——《辨法帖》

此卷有云："伯赵鸣而戒晨，爽鸠习而扬武。"此张说《送贾至》文也。乃知官帖中真伪相半。

——《辨官本法帖》

《兰亭》《乐毅》《东方先生》三帖皆绝妙，虽摹写屡传，犹有昔人用笔意思，比之《遗教经》则有间矣。

——《题逸少书》

子敬虽无过人事业，然谢安欲使书宫殿榜，竟不敢发口，其气节高逸，有足嘉者。此书一卷，尤可爱。

——《题子敬书》

此卷有山公《启事》，使人爱玩，尤不与他书比。然吾尝怪山公荐阮咸之清正寡欲，咸之所为，可谓不然者矣。意以谓心迹不相关，此最晋人之病也。

——《题山公启示帖》

唐太宗评萧子云书云："行行如纡春蚓，字字若绾秋蛇。"今观其遗迹，信虚得名耳。

——《题萧子云书》

吴道子始见张僧繇画，曰"浪得名耳"，已而坐卧其下，三日不能去。庾征西初不服逸少，有家鸡野鹜之论，后乃以谓伯英再生。今不逮子敬甚远，正可比羊欣耳。

——《跋庾征西帖》

永禅师欲存王氏典刑以为百家法祖，故举用旧法，非不能出新意求变态也，然其意已逸于绳墨之外矣。云下欧虞，殆非至论；若复疑其临放者，又在此论下矣。

——《跋叶致远所藏永禅师千文》

颜鲁公平生写帖，惟《东方朔画赞》为清雄，字间栉比而不失清远。其后见逸少本，乃知鲁公字字临此书，虽小大相悬而气韵良是，非自得于书未易言此也。

——《题鲁公书画赞》

观其书，有以得其为人，则君子小人必见于书，是殆不然。以貌取人且犹不可，而况于书乎？吾观颜公书，未尝不想见其风采，非徒得其为人而已。凛乎若见其诮卢杞而叱希烈何也？其理与韩非窃斧之说无异。然人之字画工拙之外，盖皆有趣，亦有以见其为人邪正之粗云。

——《题鲁公帖》

昨日长安安师文出所藏鲁公《与定襄郡王书草》数纸，比公他书尤为奇特。信乎自然，动有姿态，乃知瓦注贤于黄金，虽公犹未免也。

——《题鲁公书草》

张旭为常熟尉，有父老诉事，为判其状，欣然持去。不数日复有所诉，亦为判之。他日复来，张甚怒，以为好讼。叩头曰："非敢讼也，诚见少公笔势殊妙，欲家藏之尔。"张惊问其详，则其父天下工书者也。张由此尽得笔法之妙。古人得笔法有所自，张以《剑器》，容有是理；

雷太简乃云江声而笔法进，文与可言观蛇斗而草书长，此殆谬矣。

——《书张少公判状》

张长史草书必俟醉，或以为奇，醒即天真不全。此乃长史未妙，犹有醉醒之辨，若逸少何尝寄于酒乎？仆亦未免此事。

——《书张长史草书》

怀素书极不佳，用笔意趣乃似周越之险劣。此近世小人所作也，而尧夫不能辨，亦可怪矣。

——《跋怀素帖》

荆公书得无法之法，然不可学无法。故仆书尽意作之似蔡君谟，稍得意似杨风子，更放似言法华。

——《跋王荆公书》

献之少时学书，逸少从后取其笔而不可，知其长大必能名世。仆以为不然。知书不在于笔牢，浩然听笔之所之而不失法度，乃为得之。然逸少所以重其不可取者，独以其小儿子用意精至，猝然掩之而意未始不在笔，不然则是天下有力者莫不能书也。

——《书所作字后》

物一理也，通其意则无适而不可。分科而医，医之衰也；占色而画，画之陋也。和缓之医不别老少，曹吴之画不择人物。谓彼长于是则可，曰能是不能是则不可。世书篆不兼隶，行不及草，殆未能通其意者也。如君谟，真、行、草、隶无不如意，其遗力余意变为飞白，非通其意，能如是乎？

——《跋君谟飞白》

　　李公择初学草书，所不能者，辄杂以真行，刘贡父谓之鹦鹉娇。其后稍进，问仆"吾书比来如何？仆对可谓秦吉了矣。与可闻之大笑。是日，坐人争索与可草书，落笔如风，初不经意。刘意谓鹦鹉之于人言言，止能道此数句耳。十月一日。

——《跋文与可草书》

　　书初无意于佳乃佳尔。草书虽是积学乃成，然要是出于欲速。古人云："匆匆不及草书。"此语非是。若匆匆不及，乃是平时亦有意于学，此弊之极，遂至于周越、仲翼无足怪者。吾书虽不甚佳，然自出新意，不践古人，是一快也。

——《评草书》

　　书必有神、气、骨、肉、血，五者缺一，不为成书也。

——《论书》

　　吾醉后能作大草，醒后自以为不及，然醉中亦能作小楷，此乃为奇耳。

——《题醉草》

　　人貌有好丑，而君子小人之态不可掩也；言有辩讷，而君子小人之气不可欺也；书有工拙，而君子小人之心不可乱也。钱公虽不学书，然观其书，知其为挺然忠信礼义人也。轼在杭州，与其子世雄为僚，历得观其所书佛《遗教经》刻石，峭峙有不回之势。孔子曰："仁者其言也訒。"今君倚之书盖訒云。

——《跋钱君倚书遗教经》

　　自颜、柳氏没，笔法衰绝，加以唐末丧乱，人物凋落磨灭，五代文采风流扫地尽矣。独杨公凝式笔迹雄杰，有二王、颜、柳之余，此真可谓书之豪杰，不为时世所汩灭者。国初李建中号为能书，然格韵卑浊，犹有唐末以来衰陋之气，其余未见有卓然追配前人者。独蔡君书，天资既高，积学深至，心手相应，变态无穷，遂为本朝第一。然行书最胜，小楷次之，草书又次之，大字又次之，分隶小劣。又尝出意作飞白，自言有翔龙舞凤之势，识者不以为过。欧阳文忠公书，自是学者所共仪刑，庶几如见其人者。正使不工，犹当传宝，况其精勤敏妙，自成一家乎？杨君畜二公书，过黄州出以相示，偶为评之。

——《评杨氏所藏欧蔡书》

少游近日草书便有东晋风味，作诗增奇丽，乃知此人不可使闲，遂兼百技矣。技进而道不进则不可，少游乃技道两进也。

——《跋秦少游书》

草书只要有笔，霍去病所谓"不至学古兵法"者为过之。鲁直书，去病穿城蹋鞠，此正不学古兵之过也。学即不是，不学亦不可。子瞻书。

——《跋黄鲁直草书》

凡世之所贵，必贵其难。真书难于飘扬，草书难于严重，大字难于结密无间，小字难于宽绰而有余。今君所藏，抑又可珍，卷之盈握，沙界已周，读未终篇，目力可废。乃知蜗牛之角可以战蛮触，棘刺之端可以刻沐猴。嗟叹之余，聊题其末。

——《跋王晋卿所藏莲华经》

世人见古德有见桃花悟者，便争颂桃花，便将桃花作饭吃，吃此饭五十年，转没交涉。正如张长史见担夫与公主争路而得草书之法。欲学张长史，日就担夫求之，岂可得哉？

——《书张长史书法》

昙秀秀来海上见东坡，出黔安居士草书一轴，问此书如何？坡云："张融有言：'不恨臣无二王法，恨二王无臣法。'他日黔安当捧腹轩渠也。"丁丑正月四日。

——《跋山谷草书》

将至曲江，船上滩欹侧，撑者百指，篙声石声荦然。四顾皆涛濑，士无人色，而吾作字不少衰。何也？吾更变亦多矣，置笔而起，终不能一事，孰与且作字乎？

——《书舟中作字》

自君谟死后，笔法衰绝。沈辽少时本学其家传师者，晚乃讳之，自云学子敬，病其似传师也。故出私意新之，遂不如寻常人。近日米芾行书、王巩小草亦颇有高韵，虽不逮古人，然亦必有传于世也。

——《论沈辽米芾书》

永禅师书骨气深稳，体兼众妙，精能之至，反造疏淡。如观陶彭泽诗，初若散缓不收，反复不已，乃识其奇趣。今法帖中有云"不具释智永白"者，误收在逸少部中，然亦非禅师书也。云"谨此代申"，此乃唐末五代流俗之语耳，而书亦不工。欧阳率更书妍紧拔群，尤工于小楷，高（句）丽遣使购其书。高祖叹曰："彼观其书，以为魁梧奇伟人也。"此非知书者，凡书象其为人。率更貌寒寝，敏悟绝人。今观其书，劲险刻厉，正称其貌耳。

褚河南书清远萧散，微杂隶体。古之论书者，兼论其平生，苟非其人，虽工不贵也。河南固忠臣，但有谮杀刘洎一事，使人怏怏。然余尝考其实，恐刘洎末年偏忿，实有伊霍之语，非潜也。若不然，马周明其无此语，太宗诛泪而不问周可哉？此殆天后朝许、李所诬而史官不能辨也。

张长史草书颓然天放，略有点画处而意态自足，号称神逸。今世称善草书者或不能真行，此大妄也。真生行，行生草，真如立，行如行，草如走。未有未能行立而能走者也。今长安犹有长史真书《郎官石柱记》，作字简远如晋宋间人。

颜鲁公书雄秀独出，一变古法，如杜子美诗，格力天纵，奄有汉魏晋宋以来风流，后之作者，殆难复措手。

柳少师书本出于颜而能自出新意，一字千金，非虚语也。其言"心正则笔正者"，非独讽谏，理固然也。世之小人，书字虽工而其神情终有睢盱侧媚之态，不知人情随想而见，如韩子所谓窃斧者乎，抑真尔也？然至使人见其书而犹憎之，则其人可知矣。

余谪居黄州，唐林夫自湖口以书遗余，云"吾家有此六人书，子为我略评之而次其后"。林夫之书过我远矣，而反求于予，何哉？此又未可晓也。

元丰四年五月十一日，眉山苏轼书。

—— 《书唐氏六家书后》

# 附录二　历代集评

〔宋〕苏辙《栾城后集》：

（兄子瞻）幼而好书，老而不倦。自言不及晋人，至唐褚、薛、颜、柳，仿佛近之。

〔宋〕黄庭坚《山谷题跋》：

东坡道人少日学《兰亭》，故其书姿媚似徐季海；至酒酣放浪，意忘工拙，字特瘦劲似柳诚悬。中岁喜学颜鲁公、杨风子书，其合处不减李北海。至于笔圆而韵胜，挟以文章妙天下，忠义贯明之气，本朝善书自当推为第一。

东坡少时规摹徐会稽，笔圆而姿媚有余；中年喜临写颜尚书，真行造次为之，便欲穷本；晚乃喜学李北海，其豪劲多似之。

东坡书，真行相半，便（觉）去羊欣、薄绍之不远。予与东坡俱学颜平原，然予手拙，终不近也。自平原以来，惟杨少师、苏翰林可人意耳。不无有笔类王家父子者，然予不好也。

东坡书如华岳三峰，卓立参昴，虽造物之炉锤，不自知其妙也。中年书圆劲而有韵，大似徐会稽；晚年沉着痛快，乃似李北海。此公盖天资解书，比之诗人，是李白之流。

东坡书随大、小、真、行皆有妩媚可喜处，今俗子喜讥评东坡书，彼盖用翰林侍书之绳墨尺度，是岂知法之意哉。余谓东坡书，学问文章之气，郁郁芊芊发于笔墨之间，此所以他人终莫能及耳。

士大夫多讥东坡用笔不合古法，彼盖不知古法从何出耳……或云东坡作"戈"多成病笔，又腕著而笔卧，故左秀而右枯。此又见其管中窥豹，不识大体。殊不知西子捧心而颦，虽其病态，乃自成妍。

东坡先生常自比于颜鲁公，以余考之，绝长补短，两公皆一代伟人也。

东坡书早年用意精到，不及老大，渐近自然。其彭城以前犹可伪，至黄州后，擘笔极有力，可望而知真赝矣。

〔宋〕魏了翁《鹤山集》：

文忠公自谓作大字不如小字，虽亦有之，然其英姿杰气有非笔墨所能管摄者，则无问大小，一也。

〔宋〕葛立方《韵语阳秋》：

东坡与子由谓书云："吾虽不善书，晓书莫如我。苟能通其意，常谓不学可。"故其子叔党跋其书云：吾先君子岂以书自名哉！特以其至大至刚之气，发于胸中，而应之以手，故不见其有刻画妩媚之态，而端乎章甫，若有不可犯之色。少年喜二王书，晚乃喜颜平原，故时有二家风气。俗手不知，妄谓学徐浩，陋矣。

〔元〕郭畀《苏轼书离骚九辨卷跋》：

东坡先生中年爱用宣城诸葛丰鸡毛笔，故字画稍加肥壮，晚岁自儋州回，挟大海风涛之气，作字如古槎怪石，如怒龙喷浪、奇鬼抟人，书家不可及也。

〔元〕倪瓒《云林集》：

（东坡草书）纵横斜直，虽率意而成，无不如意。深赏识其妙者，惟涪翁一人。圆活道媚，或似颜鲁公，或似徐季海，盖其才德文章溢而为此，故缊缊郁勃之气映日奕奕耳。若陆柬之、孙虔礼、周越、王著，非不善书，置之颜鲁公、杨少师、苏文忠公之列，如神巫之见壶丘子矣。

〔明〕项穆《书法雅言》：

苏似肥艳美婢始作夫人，举止邪陋而大足，当令掩口。

〔清〕吴德璇《初月楼论书随笔》：

东坡笔力雄壮，逸气横霄，故肥而不俗。要知坡公文章气节事事皆为第一流，余事作书，便有俯视一切之概，动于天然而不自知。

〔清〕梁巘《承晋斋积闲录》：

苏东坡、黄山谷字，其撇捺拖出，姿态宕逸，皆本于《瘗鹤铭》。

苏长公作书，凡字体大小长短，皆随其形。然于大者开拓纵横，小者紧炼圆促，决不肯大者促，小者展，有拘懈之病，而看去行间错落，疏密相生，自有一种体态，此苏公法也。

苏公小字，皆于挑剔钩勒处用力，中间提空，昔人谓其本于徐浩者，此也。

# 附录三　苏轼年表

宋仁宗景祐三年（1036），一岁。

苏轼降生（十二月十九日）

宋仁宗皇祐六年，至和元年（1054），十九岁。

娶王弗为妻。

宋仁宗嘉祐二年（1057），二十二岁。

中进士。

宋仁宗嘉祐二年至嘉祐四年（1057—1059），二十二岁—二十四岁。

母丧，服孝。

宋仁宗嘉祐四年（1059），二十四岁。

举家迁到京师。

宋仁宗嘉祐六年至宋英宗治平元年（1061—1064），二十六岁—二十九岁。

任凤翔判官。

宋英宗治平二年至治平三年（1055—1066），三十岁—三十一岁。

任职史馆。

宋英宗治平二年（1065），三十岁。

五月八日，妻丧。

宋英宗治平三年至宋神宗熙宁元年（1066—1068），三十三岁。

父丧，服孝。

宋神宗熙宁元年（1068），三十三岁。

再娶王闰之为妻。

宋神宗熙宁二年至熙宁三年（1069—1070），三十四岁—三十五岁。

返京，任职史馆。

宋神宗熙宁四年（1071），三十六岁。

任奏院监官。

宋神宗熙宁四年至熙宁七年（1071—1074），三十六岁—三十九岁。

任杭州通判。

宋神宗熙宁七年至熙宁九年（1074—1076），三十九岁—四十一岁。

任密州太守。

宋神宗熙宁十年至元丰二年（1077—1079），四十二岁—四十四岁。

任徐州太守。

宋神宗元丰二年（1079），四十四岁。

任湖州太守。

宋神宗元丰二年（1079），四十四岁。

陷乌台诗案，入狱。

宋神宗元丰三年至元丰七年（1080—1084），四十五岁—四十九岁。

谪居黄州。

宋神宗元丰七年至元丰八年（1084—1085），四十九岁—五十岁。

往常州。

宋神宗元丰八年（1085），五十岁。

六月往登州，十月任登州太守，十月至十二月往京都。

宋神宗元丰八年至宋哲宗元祐元年（1085—1086），五十岁—五十一岁。

任中书舍人。

宋哲宗元祐元年至元祐四年（1086—1089），五十一岁—五十四岁。

以翰林学士知制诰。

宋哲宗元祐四年至元祐六年（1089—1091），五十四岁—五十六岁。

元祐四年四月往杭州，七月任杭州太守兼浙西军区钤辖。

宋哲宗元祐六年至元祐七年（1091—1092），五十六岁—五十七岁。

元祐六年一月至八月，任吏部尚书。元祐六年八月至元祐七年三月，任颍州太守。

宋哲宗元祐七年至元祐八年（1092—1093），五十七岁—五十八岁。

元祐七年三月至八月，任扬州太守。同年九月至十月，任兵部尚书。元祐七年十一月至元祐八年八月，任礼部尚书。

宋哲宗元祐八年（1093），五十八岁。

妻丧。调定州太守。

宋哲宗元祐九年、绍圣元年至绍圣四年（1094—1097），五十九岁—六十二岁。

元祐九年三月至十月，往惠州贬所。十月至绍圣四年四月，谪居惠州。

宋哲宗绍圣四年至元符三年（1097—1100），六十二岁—六十五岁。

绍圣四年四月至七月往海南。绍圣四年七月至元符三年六月，谪居海南儋州。七月，北返。

宋徽宗建中靖国元年（1101），六十六岁。

建中靖国元年七月二十八日，逝世。

# 附录四　苏轼书法年表

**嘉祐四年**（1059）　　　　二十四岁

《奉喧帖》拓本，现藏天津市艺术博物馆。

《眉阳奉侯帖》拓本，现藏天津市艺术博物馆。

**治平元年**（1064）　　　　二十九岁

《亡伯苏涣挽诗帖》拓本，现藏天津市艺术博物馆。

**治平二年**（1065）　　　　三十岁

《宝月帖》纸本，现藏台北故宫博物院。

**熙宁二年**（1069）　　　　三十四岁

《自离乡帖》拓本，现藏天津市艺术博物馆。

《严寒帖》拓本，现藏天津市艺术博物馆。

《十六侄帖》拓本，现藏天津市艺术博物馆。

《忽又岁尽帖》拓本，现藏天津市艺术博物馆。

《媳妇上问帖》拓本，现藏天津市艺术博物馆。

**熙宁三年**（1070）　　　　三十五岁

《走马处书帖》拓本，现藏天津市艺术博物馆。

《治平帖》纸本，现藏故宫博物院。

《净因院画记》拓本，现藏天津市艺术博物馆。

《临政精敏帖》拓本，现藏天津市艺术博物馆。

《求访佳婿帖》拓本，现藏天津市艺术博物馆。

《司马亲情帖》拓本，现藏天津市艺术博物馆。

**熙宁四年**（1071）　　　　三十六岁

《致运句太傅帖》纸本，现藏台北故宫博物院。

《宦途常事帖》拓本，现藏天津市艺术博物馆。

《令子九月帖》拓本，现藏天津市艺术博物馆。

《廷平郭君帖》纸本，现藏台北故宫博物院。

**熙宁五年**（1072）　　　　　　**三十七岁**

《盗贼纵横帖》拓本，现藏天津市艺术博物馆。

《钱塘帖》拓本，现藏天津市艺术博物馆。

《书方干诗卷》纸本，美国二石老人藏。

**熙宁八年**（1075）　　　　　　**四十岁**

《凶岁之余帖》拓本，现藏天津市艺术博物馆。

《文与可字说》拓本，现藏天津市艺术博物馆。

**熙宁九年**（1076）　　　　　　**四十一岁**

《乞超然台诗帖》拓本，现藏北京市文物商店。

**熙宁十年**（1077）　　　　　　**四十二岁**

《问养生帖》拓本，现藏天津市艺术博物馆。

《天际乌云帖》纸本，册装，藏地不详。

《答任师中、家汉公诗帖》拓本，现藏天津市艺术博物馆。

《洋州令子帖》拓本，现藏天津市艺术博物馆。

《水灾帖》拓本，现藏北京市文物商店。

**元丰元年**（1078）　　　　　　**四十三岁**

《偃竹帖》拓本，现藏北京市文物商店。

《平复帖》拓本，现藏北京市文物商店。

《读孟郊诗二首帖》拓本，现藏天津市艺术博物馆。

《次韵答刘泾诗帖》拓本，现藏天津市艺术博物馆。

《章质夫寄崔徽真诗帖》拓本，现藏天津市艺术博物馆。

《续丽人行诗帖》拓本，现藏天津市艺术博物馆。

《远游庵铭》拓本，现藏天津市艺术博物馆。

《表忠观碑》拓本两面，现藏日本东洋文库。

《兄所知照帖》拓本，现藏天津市艺术博物馆。

《元神帖》拓本，现藏天津市艺术博物馆。

《奠文帖》拓本，现藏天津市艺术博物馆。

《黄楼帖》拓本，现藏北京市文物商店。

《人冬帖》拓本，现藏北京市文物商店。

《墨竹草圣帖》拓本，现藏北京市文物商店。

《北游帖》纸本，现藏台北故宫博物院。

**元丰二年**（1079）　　　　**四十四岁**

《祭文与可文》拓本，现藏天津市艺术博物馆。

《次韵秦太虚见戏耳聋诗帖》纸本，现藏台北故宫博物院。

《昆阳城赋》纸本，美国二石老人藏。

**元丰三年**（1080）　　　　**四十五岁**

《定惠院月夜偶出诗稿》纸本，藏地不详。

《京酒帖》纸本，现藏故宫博物院。

《啜茶帖》纸本，现藏台北故宫博物院。

《与可画竹赞帖》拓本，现藏天津市艺术博物馆。

**元丰四年**（1081）　　　　**四十六岁**

《新岁展庆帖》纸本，现藏故宫博物院。

《佳事帖》拓本，现藏北京市文物商店。

《吏部陈公诗跋》纸本，现藏台北故宫博物院。

《杜甫桤木诗卷》纸本，现藏日本林氏兰千山馆。

《往歧亭诗帖》拓本，现藏天津市艺术博物馆。

**元丰五年**（1082）　　　　**四十七岁**

《黄州寒食诗帖》纸本，台北王氏藏。

《获见帖》纸本，现藏台北故宫博物院。

**元丰六年**（1083）　　　　**四十八岁**

《前赤壁赋卷》纸本，现藏台北故宫博物院。

《天涯流落帖》拓本，现藏北京市文物商店。

《羁旅帖》拓本，现藏天津市艺术博物馆。

《人来得书帖》纸本，现藏故宫博物院。

《徐十三帖》拓本，现藏上海图书馆。

《儿子帖》拓本，现藏天津市艺术博物馆。

《多病帖》拓本，现藏北京市文物商店。

《铁牛老鼠帖》拓本，现藏北京市文物商店。

《扫地帖》拓本，现藏北京市文物商店。

《职事帖》纸本，现藏台北故宫博物院。

《调巢生诗帖》拓本，现藏天津市艺术博物馆。

《杜甫暮归诗帖》拓本，现藏天津市艺术博物馆。

《一夜帖》纸本，现藏台北故宫博物院。

《覆盆子帖》纸本，现藏台北故宫博物院。

《归农帖》拓本，现藏北京市文物商店。

《高文帖》拓本，现藏天津市艺术博物馆。

### 元丰七年（1084） 四十九岁

《送寿圣听偈帖》拓本，现藏天津市艺术博物馆。

《满庭芳帖》拓本，现藏上海图书馆。

### 元丰八年（1085） 五十岁

《阳羡帖》纸本，现藏旅顺博物馆。

《久留帖》纸本，现藏台北故宫博物院。

《屏事帖》纸本，现藏台北故宫博物院。

《离扬州帖》拓本，现藏天津市艺术博物馆。

### 元祐元年（1086） 五十一岁

《和王明叟喜雪诗帖》拓本，现藏天津市艺术博物馆。

《记子由梦中诗帖》纸本，现藏台北故宫博物院。

《复归帖》拓本，现藏上海图书馆。

《题王晋卿诗后》纸本，现藏故宫博物院。

《送贾纳倅眉诗帖》拓本，现藏天津市艺术博物馆。

《归安丘园帖》纸本，现藏台北故宫博物院。

《归院帖》纸本，现藏故宫博物院。

### 元祐二年（1087） 五十二岁

《别来新岁帖》拓本，现藏天津市艺术博物馆。

《送杨礼先知广安军诗帖》拓本，现藏天津市艺术博物馆。

《送家退翁知怀安军诗帖》拓本，现藏天津市艺术博物馆。

《解职外补帖》拓本，现藏天津市艺术博物馆。

《昨日先纳帖》拓本，现藏天津市艺术博物馆。

《次韵三舍人诗帖》纸本，现藏台北故宫博物院。

《司马温公碑赞词》拓本，现藏天津市艺术博物馆。

《司马光安葬祭文》拓本，现藏天津市艺术博物馆。

《送张天觉行县诗帖》拓本，现藏天津市艺术博物馆。

《祭黄几道文》纸本，现藏上海博物馆。

《与米元章札》拓本，现藏上海图书馆。

《郭熙秋山平远二首诗帖》拓本，现藏天津市艺术博物馆。

《杜甫奉观岷山江画图诗帖》拓本，现藏天津市艺术博物馆。

**元祐三年**（1088）　　　　**五十三岁**

《司马温公碑》拓本，册装页，刘氏藏。

《群玉堂春帖子词》拓本，册装十六开，现藏吉林省博物馆。

**元祐四年**（1089）　　　　**五十四岁**

《斗寒帖》拓本，现藏天津市艺术博物馆。

《文字帖》拓本，现藏天津市艺术博物馆。

《早来帖》拓本，现藏天津市艺术博物馆。

《赵清献公碑》拓本，册装页，现藏上海市图书馆。

《连岁乞补外帖》拓本，现藏天津市艺术博物馆。

《令子由面白书帖》纸本，现藏台北故宫博物院。

《迩英帖》拓本，现藏北京市文物商店。

**元祐五年**（1090）　　　　**五十五岁**

《普照王像赞》拓本，现藏上海图书馆。

《送秦少章秀才帖》拓本，现藏天津市艺术博物馆。

《次辩才韵诗帖》纸本，现藏台北故宫博物院。

《游虎跑泉诗帖》纸本，台北王氏藏。

《都厅题壁二首诗帖》拓本，现藏天津市艺术博物馆。

**元祐六年**（1091）　　　　**五十六岁**

《宸奎阁碑》拓本，现藏日本宫内厅书陵部。

《丑石赠行诗帖》拓本，现藏天津市艺术博物馆。

《跋挑耳图帖》绢本，现藏南京大学图书馆。

《群玉堂上清储祥宫碑》拓本 册装页，现藏吉林省博物馆。

《颍州听琴帖》拓本，册装页，现藏上海图书馆。

《菊说帖》拓本，现藏天津市艺术博物馆。

《醉翁亭记》拓本，现藏北京大学图书馆。

《丰乐亭记》拓本，册装三面，现藏上海书店。

《书和靖林处士诗后》纸本，现藏故宫博物院。

**元祐七年**（1092）　　　　　**五十七岁**

《送李孝博诗帖》拓本，现藏天津市艺术博物馆。

《春中帖》纸本，现藏故宫博物院。

《忧恼帖》拓本，现藏天津市艺术博物馆。

**元祐八年**（1093）　　　　　**五十八岁**

《翠栝诗帖》拓本，现藏天津市艺术博物馆。

《李白仙诗卷》纸本，现藏日本大阪市立美术馆。

《南轩梦语帖》纸本，现藏台北故宫博物院。

《尊丈帖》纸本，现藏台北故宫博物院。

《黄泥坂词帖》拓本，现藏上海图书馆。

《枸杞汤帖》拓本，现藏天津市艺术博物馆。

《雨中一首诗帖》拓本，现藏天津市艺术博物馆。

《临温蜀平帖》拓本，现藏天津市艺术博物馆。

《近人帖》纸本，现藏上海张氏涵庐。

**绍圣元年**（1094）　　　　　**五十九岁**

《子由生日诗帖》拓本，现藏天津市艺术博物馆。

《病逊帖》拓本，现藏天津市艺术博物馆。

《雪浪石盆铭》拓本，吴氏藏。

《洞庭春色赋、中山松醪赋》纸本，现藏吉林省博物馆。

《旦夕帖》拓本，现藏天津市艺术博物馆。

《令子帖》纸本，现藏台北故宫博物院。

**绍圣二年**（1095）　　　　　**六十岁**

《出迎帖》拓本，现藏北京市文物商店。

《诵咏帖》拓本，现藏天津市艺术博物馆。

《明叟帖》拓本，现藏天津市艺术博物馆。

《澹面帖》拓本，现藏北京市文物商店。

《节哀帖》拓本，现藏天津市艺术博物馆。

《时走湖上帖》拓本，现藏天津市艺术博物馆。

《长至帖》拓本，现藏天津市艺术博物馆。

《法舟帖》拓本，现藏北京市文物商店。

《子野出家帖》拓本，现藏天津市艺术博物馆。

《二疏图赞》拓本，现藏天津市艺术博物馆。

**绍圣三年**（1096）　　　　**六十一岁**

《黄耇帖》拓本，现藏天津市艺术博物馆。

《酥梨帖》拓本，现藏北京市文物商店。

《归去来兮辞卷》纸本，现藏台北故宫博物院。

《致南圭使君帖》纸本，现藏台北故宫博物院。

**元符三年**（1100）　　　　**六十五岁**

《渡海帖》纸本，现藏台北故宫博物院。

《答谢民师论文帖》纸本，现藏上海博物馆。

**建中靖国元年**（1101）　　　　**六十六岁**

《真一酒诗帖》拓本，现藏上海图书馆。

《万卷堂诗帖》拓本，现藏天津市艺术博物馆。

《江上帖》纸本，现藏台北故宫博物院。

苏轼评传

# 参考文献

1. 〔宋〕苏轼:《苏轼全集》（全三册），傅成、穆俦标点，上海古籍出版社，2000年版。

2. 〔宋〕苏轼:《苏轼诗集合注》（全六册），冯应榴辑注，黄任轲、朱怀春校点，上海古籍出版社，2001年版。

3. 〔宋〕苏轼:《苏轼诗集》，王文浩辑注，孔凡礼点校，中华书局，1982年版。

4. 〔宋〕苏轼:《苏轼文集》，孔凡礼点校，中华书局，1986年版。

5. 〔宋〕苏轼:《东坡诗话》，中国书店，1986年版。

6. 〔宋〕洪迈: 《容斋随笔》，吉林文史出版社，1994年版。

7. 〔宋〕罗大经:《鹤林玉露》，中华书局，1983年版。

8. 〔宋〕朋九万:《东坡乌台诗案》，丛书集成本。

9. 〔明〕胡应麟:《诗薮》，上海古籍出版社，1979年版。

10. 〔清〕方东树:《昭味詹言》，人民文学出版社，1961年版。

11. 孔凡礼:《苏轼年谱》，中华书局，1998年版。

12. 孔凡礼: 《宋诗纪事续补》，北京大学出版社，1987年版。

13. 林语堂: 《苏东坡传》，陕西师范大学出版社，2009年版。

14. 钱锺书:《宋诗选注》，人民文学出版社，1979年版。

15. 王启鹏:《苏轼文艺美论》,中山大学出版社,2007 年版。

16. 惠淇源:《婉约词》,安徽文艺出版社,1995 年版。

17. 王世博:《苏轼诗论》,齐鲁大学出版社,1981 年版。

18. 徐中玉:《论苏轼的创作经验》,华东师范大学出版社,1981 年版。

19. 徐中玉:《苏东坡文集导读》,巴蜀书社,1990年版。

20. 王水照:《苏轼》,上海古籍出版社,1981 年版。

21. 王水照:《唐宋文学论集》,齐鲁书社,1984 年版。

22. 王水照:《苏轼研究》,河北教育出版社,1999 年版。

23. 曾枣庄:《三苏选集》,黑龙江人民出版社,1983 年版。

24. 曾枣庄:《苏文汇评》,四川文艺出版社,2000 年版。

25. 朱靖华:《苏轼论》,京华出版社,1997 年版。

26. 王洪:《苏轼诗歌研究》,朝华出版社,1993 年版。

27. 凌琴如:《苏轼思想探讨》,台湾中华书局,1977 年版。

28. 刘乃昌:《苏轼文学论集》,齐鲁书社,1982 年版。

29. 王文诰:《苏文忠公诗编注集成总案》（上、下册）,巴蜀书社,1985 年版。

30. 刘国珺:《苏轼文艺理论研究》,南开大学出版社,1984 年版。

31. 木斋:《苏东坡研究》,广西师范大学出版社,1998 年版。

32. 陶文鹏：《苏轼诗词艺术论》，上海古籍出版社，2001年版。

33. 衣若芬：《苏轼题画文学研究》，文津出版社，1999年版。

34. 饶学刚：《苏东坡在黄州》，京华出版社，1999年版。

35. 李福顺：《苏轼论书画史料》，上海人民美术出版社，1988年版。

36. 颜中其：《苏轼论文艺》，北京出版社，1985年版。

37. 颜中其：《苏东坡轶事汇编》，岳麓书社，1984年版。

38. 张文利：《苏轼在关中》，三秦出版社，2005年版。

39. 葛兆光：《禅宗与中国文化》，上海人民出版社，1986年版。

40. 朱仁夫：《中国古代书法史》，北京大学出版社，1992年版。

41. 王镇远：《中国书法理论史》，黄山书社，1990年版。

42. 姜澄清：《中国书法思想史》，河南美术出版社，1994年版。

43. 崔尔平：《历代书法论文选续编》，上海书画出版社，1993年版。

# 后　记

　　苏轼作为中国文化史上的全才，诗、词、文、书、画无不造诣深厚，建树颇丰。其为文，居于"唐宋八大家"之首；为诗，开宋诗说理之先河；为词，开宋词豪放一派；为书，于"宋四家"中执牛耳，可谓旷代奇才。宋孝宗赵眘即在《御制苏文忠公集序》中对于苏轼的这种天纵之才给予了极高的评价：

　　　　故赠太师谥文忠苏轼，忠言谠论，立朝大节，一时廷臣，无出其右。负其豪气，志在行其所学，放浪岭海，文不少衰。力斡造化，元气淋漓，穷理尽兴，贯通天人。山川风云，草木华实，千汇万状，可喜可愕，有感于中，一寓之于文，雄视百代，自作一家，浑涵光芒，至是而大成矣。

　　甚至和唐代大诗人李白相比，苏轼也是有过之而无不及，陈岩肖《庚溪诗话》卷上记载：

　　　　上一日与近臣论人才，因曰："轼方古人孰比？"近臣曰："唐李白文才颇同。"上曰："不然，白有轼之才，无轼之学。"

　　可见，对于苏轼的超拔高迈之才，后人的评价是无二的。

　　笔者从有著述此书之意起，即留意各种关于苏轼研究的文章著作，乃至古代典籍，并通读了《苏轼全集》。对于苏轼的故乡眉山以及贬谪地之一的黄州，也是亲往探访拜谒。正如苏轼自己所言："问汝平生功业，黄州惠州儋州。"他一生中的后半段几乎是在贬谪过程中度过的。这种屡遭贬谪，对于苏轼来说也许是人生的坎坷甚至是灾难，但对于中国文化，却是大幸。著名的《黄州寒食诗帖》《前赤壁赋》《后赤壁赋》《念奴娇·赤壁怀古》等流传千古的佳作都是出自他的贬谪岁月中。他于政治，是一个不谙官场倾轧的直吏；但在其他方面，正如林语堂先生所说："苏东坡是一个秉性难改的乐天派，是悲天悯人的道德家，是黎民百姓的好朋友，是散文作家，是新派的画家，是伟大的书法家，是酿酒的实验者，是工程师，是假道学的反对派，是瑜伽术的修炼者……是月下的漫步者，是诗人，是生性诙谐爱开玩笑的人。可是这些还不足以描绘出苏东坡的全貌。我若说一提到苏东坡，在中国总会引起人亲切敬佩的微笑，也许这话最能概括苏东坡的一切了。"是的，苏轼的宽厚、旷达、乐观、善良，是他的天才之外更让人觉得可爱的地方。

本书从诗、书、词等几方面观照了苏轼的一生，但因为是"中国古代书法家评传系列"之一，则略重于书法，全书选配多幅苏轼书法作品的图片，以便读者在文字浏览之余，可以欣赏到苏轼那宽厚如人、元气淋漓的墨迹。

"我书意造本无法，点画信手烦推求"，苏轼的旷世才学，后人只能高山仰止；但"猿吟鹤唳本无意，不知下有行人行"，苏轼的乐观、天真、进取、正直，才是我们要达到心灵喜悦和思想快乐所真正需要学习和思考的。

作者
于乙酉秋日